心一堂術數古籍珍本叢刊

書名：馬泰青增釋蔣大鴻《陽宅真詮》附《三元陽宅紫白賦》
系列：心一堂術數古籍珍本叢刊　堪輿類　無常玄空珍秘系列　第三輯　345
作者：【清】馬泰青
主編、責任編輯：陳劍聰
心一堂術數古籍珍本叢刊編校小組：陳劍聰　素聞　鄒偉才　虛白盧主　丁鑫華

出版：心一堂有限公司
通訊地址：香港九龍旺角彌敦道六一〇號荷李活商業中心十八樓〇五—〇六室
深港讀者服務中心：中國深圳市羅湖區立新路六號羅湖商業大厦負一層〇〇八室
電話號碼：(852)9027-7110
網址：publish.sunyata.cc
電郵：sunyatabook@gmail.com
網店：http://book.sunyata.cc
淘寶店地址：https://sunyata.taobao.com
微店地址：https://weidian.com/s/1212826297
臉書：https://www.facebook.com/sunyatabook
讀者論壇：http://bbs.sunyata.cc/

版次：二零二二年三月初版
平裝

定價：港幣　二百八十八元正
新台幣　一仟一百九十元正

國際書號：ISBN 978-988-8582-92-1

香港發行：香港聯合書刊物流有限公司
地址：香港新界荃灣德士古道二二〇—二四八號荃灣工業中心十六樓
電話號碼：(852)2150-2100
傳真號碼：(852)2407-3062
電郵：info@suplogistics.com.hk
網址：http://www.suplogistics.com.hk

台灣發行：秀威資訊科技股份有限公司
地址：台灣台北市內湖區瑞光路七十六巷六十五號一樓
電話號碼：+886-2-2796-3638
傳真號碼：+886-2-2796-1377
網絡書店：www.bodbooks.com.tw
台灣秀威書店讀者服務中心：
地址：台灣台北市中山區松江路二〇九號一樓
電話號碼：+886-2-2518-0207
傳真號碼：+886-2-2518-0778
網絡書店：http://www.govbooks.com.tw

中國大陸發行　零售：深圳心一堂文化傳播有限公司
深圳地址：深圳市羅湖區立新路六號羅湖商業大厦負一層〇〇八室
電話號碼：(86)0755-82224934

心一堂微店二維碼

心一堂淘寶店二維碼

心一堂術數古籍 珍本 整理 叢刊 總序

術數定義

術數，大概可謂以「推算（推演）、預測人（個人、群體、國家等）、事、物、自然現象、時間、空間方位等規律及氣數，並或通過種種『方術』，從而達致趨吉避凶或某種特定目的」之知識體系和方法。

術數類別

我國術數的內容類別，歷代不盡相同，例如《漢書・藝文志》中載，漢代術數有六類：天文、曆譜、五行、蓍龜、雜占、形法。至清代《四庫全書》，術數類則有：數學、占候、相宅相墓、占卜、命書、相書、陰陽五行、雜技術等，其他如《後漢書・方術部》、《藝文類聚・方術部》、《太平御覽・方術部》等，對於術數的分類，皆有差異。古代多把天文、曆譜、及部分數學均歸入術數類，而民間流行亦視傳統醫學作為術數的一環；此外，有些術數與宗教中的方術亦往往難以分開。現代民間則常將各種術數歸納為五大類別：命、卜、相、醫、山，通稱「五術」。

本叢刊在《四庫全書》的分類基礎上，將術數分為九大類別：占筮、星命、相術、堪輿、選擇、三式、讖諱、理數（陰陽五行）、雜術（其他）。而未收天文、曆譜、算術、宗教方術、醫學。

術數思想與發展——從術到學，乃至合道

我國術數是由上古的占星、卜筮、形法等術發展下來的。其中卜筮之術，是歷經夏商周三代而通過「龜卜、蓍筮」得出卜（筮）辭的一種預測（吉凶成敗）術，之後歸納並結集成書，此即現傳之《易

經》。經過春秋戰國至秦漢之際，受到當時諸子百家的影響、儒家的推崇，遂有《易傳》等的出現，原本是卜筮術書的《易經》，被提升及解讀成有包涵「天地之道（理）」之學。因此，《易・繫辭傳》曰：「易與天地準，故能彌綸天地之道。」

漢代以後，易學中的陰陽學說，與五行、九宮、干支、氣運、災變、律曆、卦氣、讖緯、天人感應說等相結合，形成易學中象數系統。而其他原與《易經》本來沒有關係的術數，如占星、形法、選擇，亦漸漸以易理（象數學說）為依歸。《四庫全書・易類小序》云：「術數之興，多在秦漢以後。要其旨，不出乎陰陽五行，生尅制化。實皆《易》之支派，傳以雜說耳。」至此，術數可謂已由「術」發展成「學」。

及至宋代，術數理論與理學中的河圖洛書、太極圖、邵雍先天之學及皇極經世等學說給合，通過術數以演繹理學中「天地中有一太極，萬物中各有一太極」（《朱子語類》）的思想。術數理論不單已發展至十分成熟，而且也從其學理中衍生一些新的方法或理論，如《梅花易數》、《河洛理數》等。

在傳統上，術數功能往往不止於僅僅作為趨吉避凶的方術，及「能彌綸天地之道」的學問，亦有其「修心養性」的功能，「與道合一」（修道）的內涵。《素問・上古天真論》：「上古之人，其知道者，法於陰陽，和於術數。」數之意義，不單是外在的算數、歷數、氣數，而是與理學中同等的「道」、「理」--心性的功能，北宋理氣家邵雍對此多有發揮：「聖人之心，是亦數也」、「萬化萬事生乎心」、「心為太極」。《觀物外篇》：「先天之學，心法也。……蓋天地萬物之理，盡在其中矣，心一而不分，則能應萬物。」反過來說，宋代的術數理論，受到當時理學、佛道及宋易影響，認為心性本質上是等同天地之太極。天地萬物氣數規律，能通過內觀自心而有所感知，即是內心也已具備有術數的推演及預測、感知能力；相傳是邵雍所創之《梅花易數》，便是在這樣的背景下誕生。

《易・文言傳》已有「積善之家，必有餘慶；積不善之家，必有餘殃」之說，至漢代流行的災變說及讖緯說，我國數千年來都認為天災，異常天象（自然現象），皆與一國或一地的施政者失德有關；下至家族、個人之盛衰，也都與一族一人之德行修養有關。因此，我國術數中除了吉凶盛衰理數之外，人心的德行修養，也是趨吉避凶的一個關鍵因素。

術數與宗教、修道

在這種思想之下，我國術數不單只是附屬於巫術或宗教行為的方術，又往往是一種宗教的修煉手段——通過術數，以知陰陽，乃至合陰陽（道）。「其知道者，法於陰陽，和於術數。」例如，「奇門遁甲」術中，即分為「術奇門」與「法奇門」兩大類。「法奇門」中有大量道教中符籙、手印、存想、內煉的內容，是道教內丹外法的一種重要外法修煉體系。甚至在雷法一系的修煉上，亦大量應用了術數內容。此外，相術、堪輿術中也有修煉望氣（氣的形狀、顏色）的方法；堪輿家除了選擇陰陽宅之吉凶外，也有道教中選擇適合修道環境（法、財、侶、地中的地）的方法，以至通過堪輿術觀察天地山川陰陽之氣，亦成為領悟陰陽金丹大道的一途。

易學體系以外的術數與的少數民族的術數

我國術數中，也有不用或不全用易理作為其理論依據的，如揚雄的《太玄》、司馬光的《潛虛》。也有一些占卜法、雜術不屬於《易經》系統，不過對後世影響較少而已。

外來宗教及少數民族中也有不少雖受漢文化影響（如陰陽、五行、二十八宿等學說。）但仍自成系統的術數，如古代的西夏、突厥、吐魯番等占卜及星占術，藏族中有多種藏傳佛教占卜術、苯教占卜術、擇吉術、推命術、相術等；北方少數民族有薩滿教占卜術；不少少數民族如水族、白族、布朗族、佤族、彝族、苗族等，皆有占雞（卦）草卜、雞蛋卜等術，納西族的占星術、占卜術，彝族畢摩的推命術、占卜術……等等，都是屬於《易經》體系以外的術數。相對上，外國傳入的術數以及其理論，對我國術數影響更大。

曆法、推步術與外來術數的影響

我國的術數與曆法的關係非常緊密。早期的術數中，很多是利用星宿或星宿組合的位置（如某星在某州或某宮某度）付予某種吉凶意義，并據之以推演，例如歲星（木星）、月將（某月太陽所躔之宮次）等。不過，由於不同的古代曆法推步的誤差及歲差的問題，若干年後，其術數所用之星辰的位置，已與真實星辰的位置不一樣了；此如歲星（木星），早期的曆法及術數以十二年為一周期（以應地支），與木星真實周期十一點八六年，每幾十年便錯一宮。後來術家又設一「太歲」的假想星體來解決，是歲星運行的相反，週期亦剛好是十二年。而術數中的神煞，很多即是根據太歲的位置而定。又如六壬術中的「月將」，原是立春節氣後太陽躔娵訾之次而稱作「登明亥將」，至宋代，因歲差的關係，要到雨水節氣後太陽才躔娵訾之次，當時沈括提出了修正，但明清時六壬術中「月將」仍然沿用宋代沈括修正的起法沒有再修正。

由於以真實星象周期的推步術是非常繁複，而且古代星象推步術本身亦有不少誤差，大多數術數除依曆書保留了太陽（節氣）、太陰（月相）的簡單宮次計算外，漸漸形成根據干支、日月等的各自起例，以起出其他具有不同含義的眾多假想星象及神煞系統。唐宋以後，我國絕大部分術數都主要沿用這一系統，也出現了不少完全脫離真實星象的術數，如《子平術》、《紫微斗數》、《鐵版神數》等。後來就連一些利用真實星辰位置的術數，如《七政四餘術》及選擇法中的《天星選擇》，也已與假想星象及神煞混合而使用了。

隨着古代外國曆（推步）、術數的傳入，如唐代傳入的印度曆法及術數，元代傳入的回回曆等，其中我國占星術便吸收了印度占星術中羅睺星、計都星等而形成四餘星，又通過阿拉伯占星術而吸收了其中來自希臘、巴比倫占星術的黃道十二宮、四大（四元素）學說（地、水、火、風），並與我國傳統的二十八宿、五行說、神煞系統並存而形成《七政四餘術》。此外，一些術數中的北斗星名，不用我國傳統的星名：天樞、天璇、天璣、天權、玉衡、開陽、搖光，而是使用來自印度梵文所譯的：貪狼、巨門、祿存、文曲，廉貞、武曲、破軍等，此明顯是受到唐代從印度傳入的曆法及占星術所影響。如星命術中的《紫微斗數》及堪輿術中的《撼龍經》等文獻中，其星皆用印度譯名。及至清初《時憲曆》，置閏之法則改用西法「定氣」。清代以後的術數，又作過不少的調整。

此外，我國相術中的面相術、手相術，唐宋之際受印度相術影響頗大，至民國初年，又通過翻譯歐西、日本的相術書籍而大量吸收歐西相術的內容，形成了現代我國坊間流行的新式相術。

陰陽學——術數在古代、官方管理及外國的影響

術數在古代社會中一直扮演着一個非常重要的角色，影響層面不單只是某一階層、某一職業、某一年齡的人，而是上自帝王，下至普通百姓，從出生到死亡，不論是生活上的小事如洗髮、出行等，大事如建房、入伙、出兵等，從個人、家族以至國家，從天文、氣象、地理到人事、軍事，從民俗、學術到宗教，都離不開術數的應用。我國最晚在唐代開始，已把以上術數之學，稱作陰陽（學），行術數者稱陰陽人。（敦煌文書、斯四三二七唐《師師漫語話》：「以下說陰陽人謾語話」，此說法後來傳入日本，今日本人稱行術數者為「陰陽師」）。一直到了清末，欽天監中負責陰陽術數的官員中，以及民間術數之士，仍名陰陽生。

古代政府的中欽天監（司天監），除了負責天文、曆法、輿地之外，亦精通其他如星占、選擇、堪輿等術數，除在皇室人員及朝庭中應用外，也定期頒行日書、修定術數，使民間對於天文、日曆用事吉凶及使用其他術數時，有所依從。

我國古代政府對官方及民間陰陽學及陰陽官員，從其內容、人員的選拔、培訓、認證、考核、律法監管等，都有制度。至明清兩代，其制度更為完善、嚴格。

宋代官學之中，課程中已有陰陽學及其考試的內容。（宋徽宗崇寧三年〔一一零四年〕崇寧算學令：「諸學生習……並曆算、三式、天文書。」「諸試……三式即射覆及預占三日陰陽風雨。天文即預

定一月或一季分野災祥，並以依經備草合問為通。」

金代司天臺，從民間「草澤人」（即民間習術數人士）考試選拔：「其試之制，以《宣明曆》試推步，及《婚書》、《地理新書》試合婚、安葬，並《易》筮法，六壬課、三命、五星之術。」（《金史》卷五十一・志第三十二・選舉一）

元代為進一步加強官方陰陽學對民間的影響、管理、控制及培育，除沿襲宋代、金代在司天監掌管陰陽學及中央的官學陰陽學課程之外，更在地方上增設陰陽學課程（《元史・選舉志一》：「世祖至元二十八年夏六月始置諸路陰陽學。」）地方上也設陰陽學教授員，培育及管轄地方陰陽人。（《元史・選舉志一》：「（元仁宗）延祐初，令陰陽人依儒醫例，於路、府、州設教授員，凡陰陽人皆管轄之，而上屬於太史焉。」）自此，民間的陰陽術士（陰陽人），被納入官方的管轄之下。

至明清兩代，陰陽學制度更為完善。中央欽天監掌管陰陽學，明代地方縣設陰陽學正術，各州設陰陽學典術，各縣設陰陽學訓術。陰陽人從地方陰陽學肆業或被選拔出來後，再送到欽天監考試。（《大明會典》卷二二三：「凡天下府州縣舉到陰陽人堪任正術等官者，俱從吏部送（欽天監），考中，送回選用；不中者發回原籍為民，原保官吏治罪。」）清代大致沿用明制，凡陰陽術數之流，悉歸中央欽天監及地方陰陽官員管理、培訓、認證。至今尚有「紹興府陰陽印」、「東光縣陰陽學記」等明代銅印，及某某縣某某之清代陰陽執照等傳世。

清代欽天監漏刻科對官員要求甚為嚴格。《大清會典》「國子監」規定：「凡算學之教，設肄業生。滿洲十有二人，蒙古、漢軍各六人，於各旗官學內考取。漢十有二人，於舉人、貢監生童內考取。附學生二十四人，由欽天監選送。教以天文演算法諸書，五年學業有成，舉人引見以欽天監博士用，貢監生童以天文生補用。」學生在官學肄業、貢監生肄業或考得舉人後，經過了五年對天文、算法、陰陽學的學習，其中精通陰陽術數者，會送往漏刻科。而在欽天監供職的官員，《大清會典則例》「欽天監」規定：「本監官生三年考核一次，術業精通者，保題升用。不及者，停其升轉，再加學習。如能黽勉供職，即予開復。仍不及者，降職一等，再令學習三年，能習熟者，准予開復，仍不能者，黜退。」除定期考核以定其升用降職外，《大清律例》中對陰陽術士不準確的推斷（妄言禍福）是要治罪的。《大清律例・一七八・術七・妄言禍福》：「凡陰陽術士，不許於大小文武官員之家妄言禍福，違者杖一百。其依經推算星命卜課，不在禁限。」大小文武官員延請的陰陽術士，自然是以欽天監漏刻科官員或地方陰陽官員為主。

官方陰陽學制度也影響鄰國如朝鮮、日本、越南等地，一直到了民國時期，鄰國仍然沿用着我國的多種術數。而我國的漢族術數，在古代甚至影響遍及西夏、突厥、吐蕃、阿拉伯、印度、東南亞諸國。

術數研究

術數在我國古代社會雖然影響深遠，「是傳統中國理念中的一門科學，從傳統的陰陽、五行、九宮、八卦、河圖、洛書等觀念作大自然的研究。……傳統中國的天文學、數學、煉丹術等，要到上世紀中葉始受世界學者肯定。可是，術數還未受到應得的注意。術數在傳統中國科技史、思想史，文化史、社會史，甚至軍事史都有一定的影響。……更進一步了解術數，我們將更能了解中國歷史的全貌。」（何丙郁《術數、天文與醫學中國科技史的新視野》，香港城市大學中國文化中心。）

可是術數至今一直不受正統學界所重視，加上術家藏秘自珍，又揚言天機不可洩漏，「（術數）乃吾國科學與哲學融貫而成一種學說，數千年來傳衍嬗變，或隱或現，全賴一二有心人為之繼續維繫，賴以不絕，其中確有學術上研究之價值，非徒癡人說夢，荒誕不經之謂也。其所以至今不能在科學中成立一種地位者，實有數因。蓋古代士大夫階級目醫卜星相為九流之學，多恥道之；而發明諸大師又故為惝恍迷離之辭，以待後人探索；間有一二賢者有所發明，亦秘莫如深，既恐洩天地之秘，復恐譏為旁門左道，始終不肯公開研究，成立一有系統說明之書籍，貽之後世。故居今日而欲研究此種學術，實一極困難之事。」（民國徐樂吾《子平真詮評註》，方重審序）

現存的術數古籍，除極少數是唐、宋、元的版本外，絕大多數是明、清兩代的版本。其內容也主要是明、清兩代流行的術數，唐宋或以前的術數及其書籍，大部分均已失傳，只能從史料記載、出土文獻、敦煌遺書中稍窺一鱗半爪。

術數版本

坊間術數古籍版本，大多是晚清書坊之翻刻本及民國書賈之重排本，其中豕亥魚魯，或任意增刪，往往文意全非，以至不能卒讀。現今不論是術數愛好者，還是民俗、史學、社會、文化、版本等學術研究者，要想得一常見術數書籍的善本、原版，已經非常困難，更遑論如稿本、鈔本、孤本等珍稀版本。在文獻不足及缺乏善本的情況下，要想對術數的源流、理法、及其影響，作全面深入的研究，幾不可能。

有見及此，本叢刊編校小組經多年努力及多方協助，在海內外搜羅了二十世紀六十年代以前漢文為主的術數類善本、珍本、鈔本、孤本、稿本、批校本等數百種，精選出其中最佳版本，分別輯入兩個系列：

一、心一堂術數古籍珍本叢刊

二、心一堂術數古籍整理叢刊

前者以最新數碼（數位）技術清理、修復珍本原本的版面，更正明顯的錯訛，部分善本更以原色彩色精印，務求更勝原本。并以每百多種珍本、一百二十冊為一輯，分輯出版，以饗讀者。

後者延請、稿約有關專家、學者，以善本、珍本等作底本，參以其他版本，古籍進行審定、校勘、注釋，務求打造一最善版本，方便現代人閱讀、理解、研究等之用。

限於編校小組的水平，版本選擇及考證、文字修正、提要內容等方面，恐有疏漏及舛誤之處，懇請方家不吝指正。

心一堂術數古籍 珍本 整理 叢刊編校小組

二零零九年七月序

二零一四年九月第三次修訂

陽宅真詮叙

吉之人學貫三才。其下宅占塋恒由自擇。今之人專尚文藝假手於遊食之流。於是乎有以地理名家者。其術之真偽不分。其身之凶禍立見。可不慎哉。余弱冠時。先老命於讀書之暇。留心堪輿之學。得大鴻氏之書習之。詢厥有源本。確係楊公之真傳。第恐未遇師明指。究患迷途。如是者十越春秋。甲辰遇武進趙湘帆先生於高津。戊申謁李振宇老師於燕郊。蓋元空理氣。有體有用。二者相需而行。李北人重體而輕用。趙南人尚用而畧體。實皆出於楊蔣。而習者各有所偏。然主體則久而穩。主用則速而暫。倘體用兼合。斯爲盡美盡善矣。茲編乃趙手授余者。

一卷為阳宅。一卷為挨星。且云。蔣公傳姜汝皋訟人沒。别傳楊文言道聲。楊傳黄其龍斉川。黄傳苏燦瑶圃。苏傳董華星存蓮。湘帆得之於存蓮。此授受之由來。湘帆名江以授余。則天心訣法。下卦起星之旨具在。覺而天玉寶照諸篇。表裏貫通。復驗之於阴阳二宅。瞭如指掌。因於未注之處。增注數十条。並繪圖於後。俾觀此觸類旁通。名阳宅曰。阳宅真詮。名挨星曰。挨星真詮。非敢輕易宣泄也。係真者不出。則偽此日滋。前已刻辨惑本书之意。以言体中用。今更梓阳宅。本趙之意。以言用中用。使閱此会而通之。不至顧此失彼。仍復兩岐。至於挨星真詮。雖欲共之世人。終恐千造枸之忌。留有以待可耳。

旹在同治壬申孟春中澣自叙於知止山房蓮菴氏筆记

錄古叙

大鴻氏曰。宅法有三。一市井之宅。重闠比户。其用街巷通路為先。方隅門風爲要。而地水次之。蓋車馬人跡来往喧鬧。響振虛塵。皆能動氣其噓枯吹生不同。岑寂之鄉。若更得吉水旺龍。尤當速發。一曠野之宅。以地水爲主。而方隅風水次之。道路又次之。地水之吉凶。大則大應。小則小應。系毫不爽。一山谷之宅。因落地脈之敦厚。而尤以天風爲主。餘皆次之。蓋其風塵空而下。障之斯萬壽。而漏之斯千仞。其吹祥也。發不旋踵。其吹咎也。殄斯遺跡。能真得元龍之炁。不敢居也。但靠一帶直山斯。固論偏凹風。而山圍鈌口收風尤為有力。百驗百灵。惟坐下有龍脉也。其風另斷。凡此之宅。皆擇堂廷開舒。水泉平衍之地。而築之。若地勢逼窄澗流陡瀉。断难卜吉而莫居也。

歲在道光丙午孟秋上澣泰青氏摘録

陽宅真詮

大鴻氏蔣平階授
東川黃其龍註釋
道聲楊文言輯藏
泰青馬清谿增釋

門從山起。卦自向來。

泰青曰。門從山起者。非世俗之遊年翻卦也。乃按洛書九宮之山。如子山午向。即一白坎。入中順数九宮。則二黑在乾。五黃在離。八白在震。於一白為煞炁。三碧在兑。四綠在艮。於一白為洩炁。皆不可開門。六白到坎。七赤在坤。於一白為生炁。開門最吉。九紫到巽。於一白為財炁。又謂紫白交輝（卅）門亦吉。此坐山之生尅。一定之位。純是順逆。此之謂体。卦自向來者。乃天心正運之卦。以向上星為主。有順逆二局。所謂二十四山分順逆。共成四十有八局是也。此之謂用。以下節之分疏体用之法。

星隨門轉。龍從二十四山。

泰青曰。星即天心正運之星。從門上所納之星。流轉九宮。雖〔雖〕後戶室〔室〕門。皆隨星而定禍福。即廻廊側路。亦因星而判吉凶。所謂向首一星灾禍柄。去來二口死生門是也。二十四山即一卦三山之二十四山也。龍從何方何卦來。以占其衰旺。然近山處有龍脉。平洋處無龍脉。但有龍處講龍。無龍處亦不必膠柱鼓瑟也。

局照八卦山局

泰青曰。為局之法有溝渠。有池沼。有路衢。總以在宅南者為坎局。在宅北者為離局。餘以此推。蓋有龍言龍。無龍然後言局也。

門方八卦納干支

泰青曰。八卦分占八方。每方又分三爻。門雖在八卦之方。更雖為在卦之何爻。納干支。非世俗之乾納甲。坤納乙之謂。乃乾宮之左有戌。右有亥。震宮之左有甲。右有乙之謂也。震屬木。甲乙亦屬木。乾屬金。戌亥亦屬金。餘卦做此。只論八卦屬何五行。不論干支屬何五行。二語尽之矣。

層從河数起九星生尅。

泰青曰。河圖之數。合而言之其数五。析而言之其数十。夫一六水也。二七火也。三八木也。四九金也。五十土也。層数亦以一水、二火、三木、四金、五土、六水、七火、八木、九金、十土、論五行。洪第一層為水。第二層為火。第三層為木。往後數去。一層有一層之五行也。首節以洛書定山之五行。此節以河圖定層之五行。二者並行不悖。兼有生尅制化之理。九星是照洛書五行。以生山星。與層星論生尅。再加以元運九星。其生尅更灵速矣。

間以陰陽左右数。九星亦以左右行。

泰青曰。間数五行。亦以水一火二。木三金四。五土論。但乾坎艮震四陽向。則從左数至右。巽離坤兑四陰向。則從右数至左。某山宜住某層。某層宜住某間。以山生層。層生間吉。或比旺相助亦吉。如逢生運旺運。更吉。九星分間。則以坐山卦之陰陽。左右数。如坎山自左数至右。第一層（間）一白。第二間二黑。第三間三碧。雖二層亦如是。離山自右数至左。第一間九紫。第二間一白。第三間二黑。雖二層亦如是。若兩屋即以兩屋坐山為主。如是震（即）三碧。為第一間。此兩節專講河圖五行。洛書九星層間之法。

河之運五子分元

泰青曰。以上六節。所言皆体。以下二節所言皆用。知体而不知用。其吉凶不明。知体而又知用。其禍福乃准。所以知河圖洛书之体者。尤必知河圖洛书之用。然後可趨避之法也。五子此即甲子水運。丙子火運。戊子木運。庚子金運。壬子土運。乃按河圖之運。各管十二年。共六十年一週。加於層面之上。以生剋斷吉凶。此之謂河運。

洛書運九星分屬

泰青曰。洛運雖以一而七。統上中下三元。其實九星。各管二十年一百八十年一週。如一白星二十年運內屬水。二黑星

運內二十年屬土。所謂分屬是也。又有值年值月。值日之星。各
有所屬。此之謂洛運。
総法以中宮為主。再為生尅在向方。以定吉凶。
泰青曰。以山而論。則以本山入中宮。為八方与山之生尅。以運而
論。則以本運入中宮。為八方与運之生尅。二者須當合參。運
与山之生尅。其吉凶始驗。中宮為主。其義深矣。內含無極而
太極之旨。丕赤何從上視之也。
一無流通之說。先以門方与火庵。門樓房屋之異。総以門戶為
無口。
東川曰。凡通所陽宅。以大門火庵為主。門係一宅休咎。而各

家所住之房。總以门户為主。関係各人休咎。此為第一要緊関於。次庵者一家人生命繫之。

紫白飛宮。辨生旺退煞之用。三元運炁。判盛衰興廢之年。

東川曰。紫白九星也。飛宮九宮也。三元上中下也。三元輪管之年。紫白飛調之方。有生旺退死煞五行之分。生、生我者也。旺、比助我者也。退、我生者也。死、我尅者也。殺、尅我者也。以此而判其盛衰興廢。所以指掌耳。

故生旺宜興。運未來而仍替。退煞当廢。運方交而尚榮。總以炁運為主。而吉凶隨之交也。

東川曰。陽宅有九宮。有本山入中一局。千年不動者也。有三

窵音弔

元炁寫一局。隨炁運流移於也。故謂本山生旺方之門。宜與也。若運未來而仍替。開本山退煞方之門當廢也。若運方交而尚榮。總以炁運為主。而吉凶隨之交也。若炁與本山相助。尤為尽善。

圖之運論體之五行。洛之運論用之九星。

東川曰。河圖之數。水一火二。木三金四。土五五行之序。秩然不紊。九星層數。謂數。本此五行論之。此其體也。洛書之用九星主持其運。上元一白。中元四綠。下元七赤。各管六十年。謂之大運。上元一白。二黑。三碧。各管二十年。中元四綠。五黃六白各分管二十年。下元七赤。八白九紫。各分管二十年。謂之小運。凡陰陽二宅。以此大小二運為主。

又曰、圖之運以五子分元。則甲丙戊庚壬。乃水火木金土之序。秩然不紊。如上元甲子。十二年水運。丙子十二年火運。戊子十二年木運。庚子十二年金運。壬子十二年土運。凡層數间數。當以五子元運論之。

有时（時）河可叅也。書可叅圖。

東川曰。凡進數间數。以圖之數。論五行也。而圖之運。又以五子分元。故層间五行。先以圖運叅之。再以洛運叅之。如下文第三節所云也。

蓋原其層也。究其间也。合水數者。逢金水之元。值木數者。當畏火金之運。

東川曰。金水之元。生旺之元也。火金之運。退殺之運也。其盡忌此。

生運發丁。應以次而漸榮。旺時得祿。因比肩而驟富。退則冷敗而絕嗣。殺則橫禍而官災。死則損丁亦兼破產。只綠財臨死鄉。恒以見吉凶常半。此以圖論體。應同桴鼓者也。

東川曰。層間五行。再以圖運參其生尅衰旺。當應同桴鼓也。

若乃九星運者。盡忌亦同。木星金運宅逢刼盜之凶。火曜木元人沐恩榮之盡。此可參圖死以是也。

東川曰。九層間屬木者。忌逢金運。屬火者。盡逢木運。故一白主治之運。其木層木间皆受生焉。二黑主治之運。元九水層水間。独主殺臨。此以書洛圖之妙道也。一說層间五行。本山五行。合洛書九星。河圖五子分運參之。故木星畏金運。火曜尅木元。

至於河以參洛。第一先觀其局。假如八山中。值上元甲子。仍一白龍穴。一白砂水。或一白方居住。總名元龍之運。發福能常。若甲申管運。仍二黑龍穴。二黑砂水。或二黑方居住。亦曰元龍之運。發福能小。

亦川曰。觀其局者。觀其地址之形局。審其八方之風水也。以八方之形勢合局。其龍穴砂水。合仍上元之運。而居住者不合十。固為上等。自然發福非常。故審形勢定局。為地理中第一關紐。

然二者不可必得。或一白當令。而震巽交運之生。六七乘時。而乾兌合元之旺。亦有慶也。

泰青曰。不可必得。即上二章。去可參圖。河可參洛。不可必得也。下四局方是以洛參洛矣。一六七是言洛運。震巽乾兌是言洛局。

且先天之坎在兌。後天之坎在坤。則上元一白之兌坤。未可言衰。先天之巽在坤。後天之巽在兌。則中元四綠之坤兌。亦可言旺。先天之兌在巽。後天之兌在坎。則下元七赤之巽坎。亦可云相。此卦之先後天。運可合論也。

泰青曰。此言先天後天。同是一氣。旺則俱旺。先天本於河圖後天本於洛書。雖云先後天卦。仍是河洛相參也。

又如一白司上元。而六白齊榮。四綠居中元。九紫均旺。蓋河圖一六共宗。二七同道。三八爲朋。四九爲友。云義。圖可參書信以是已。

泰青曰。一六齊榮。四九均旺。乃一生一成之理。故洛書行運而河圖應之。

是故首視其局。或局未得運。而局之生旺方。有一字得運地發福也。亦同水爲上。砂次之。殿閣樓台。橋道又其次之地也。

泰青曰。此因局未得運。而旁求局之生旺。財方之砂水。殿閣樓台。橋道而得運也。亦能發禍退殺方反是。再論其山。及山之六子事行運與否。次論其層。與層之六子行運與否。又次論其間。合山與層其陰陽生旺配合否。或行大運。或行小運。俱堪安富增榮。其或関殺雖避。而不合河運。不合洛運。屹可小康而止。

东川曰。一所陽宅全爲宅主之房。一房之中。全爲宅主之床。蓋上承祖父。下啟兒孫。全係在此故也。故上二節。乃阳宅之関津。金針之暗度也。阴阳二宅。第一爲其局。上垣合格。能得三元不敗也。此爲第一等。然不可必爲也。第局中有一処合得元運者。亦能發福。其次須論其山。合得八卦中何山向。必須叅合得元運。然後將門戶。井灶碓火。房廁等六事。位置均得其宜。其次須論屋之層進。要以河圖五行定之。其層進五行。可與本山相生旺否。可以元運合生旺否。不僅高下得宜而進數多寡。亦須相配。其次又論其間。蓋屋內間間有宅神。總以五行分管。亦以河圖定之。其層之陰者。住間之陽。層之陽者。住間之陰。又要間數五行。合層數生旺。並合元運。與本山生旺否。又與本命相生否。總之要局生山。山生進。進生間。間生命。而房床位。又得宜。此為第一等。自然發福能常也。然得件件都如意哉。只須覌風水二字。合為洛書大運小運。而層间五行。或合圖中五子元運。或叅合九星元運。皆可發福。不然縱避凶砂惡水。而不合元運。只可小安。未能大發福也。此為宅中之緊要。条目故细叅之。学切不可忽視之也。吁慎之哉秘之哉。

若夫大運小運之管。山有统轄專臨之異。而太岁到方并見灾祥。

东川日。统臨即三元六甲大運也。甲子至甲寅。調宮不同。而三元之泊宮亦異。以所主運星入中順佈。以稽生尅。此以统臨之居也。專臨即三元六甲小運也。亦本元所主運入中順疮。以論八方生旺。尅殺吉凶。尤當兩布山。原生星殺合而論之。或生見生。或生見殺。或旺見生。或旺見退。一匕叅祥。每二十年一易。而禍福由之胥壞。此專臨之居也。若統臨專臨皆吉。匕莫大焉。統臨吉而專臨不吉。不免為凶。凶未甚也。至皆不吉莫可救矣。流年運星亦入中順飛。以考八山生旺。如其年不得九星之吉。以大運小運之生旺。修動亦吉。論元運比未可忽也。

陰爻陽爻之臨向。有順飛逆飛之分。而年星入中同叅生尅

东川曰。阳爻者。乃乾亥壬。艮寅甲。巽巳丙。坤申庚。十二陽字也。陰爻者。乃子癸丑。卯乙辰。午丁未。酉辛戌。十二阴字也。凡開山立向。必宜祥辨。而陽宅尤專重。向首之星。務求生旺以

令。用運星入中飛輪向首。得何卦何爻。辨明陰陽順逆。挨佈八方。看其何者生旺。何者衰死。所謂生旺衰死。乃因時變遷。運中分得之生旺衰死。能原定位。上之生旺衰死也。向首陰陽既定。一切門路收叅。挨位分房。安置六事。俱從此剖判。吉凶叅看。年月一卦之中。各有區別否。則向丙向午向丁。兼左兼右。同在一卦。而吉凶判然。此杜陵一線薪傳。真河洛之秘妙得者寶之。

八門加臨能一。九星吊替多方。蓋河洛本有妙用。而命会乃可通神。

泰青曰。八門者。乃八方之門。即前所云。門從山起之門。加臨者、為门上所加之卦。入中輪轉。是何星臨门也。並非奇门之八门。以開休生為吉门。與河洛全不相符。余得訣後。特為正之。九星吊替者。非三元白星。山移白星之類。入中飛佈。但得三吊而年替年。月替月。層替層。门替门。斯各替也。如甲子年一白入中。輪至坎見六白。再以六白入中。輪至坎復得二黑。是年替也。又子年三月六白入中。輪至巽辰方是五黃。復以五黃入中。輪八方俱伏。而月建上。仍見四綠是月替也。如只二層屋。下元辛亥年。五黃到首進。六白到二層。再以六白入中。輪八方生尅。是層替也。又層開离门。二黑入中。六白到离。則六白為门星矣。上元丁亥年。見黃五入中。輪至离方。見九紫到门。尅原生六白金為凶。復以九紫入中宮。順佈八方。六白到坤。の綠到門是门替也。此河洛之妙用。而命会之灾祥可以預決。凡凶星宜在靜方。庶不發作。凡吉星宜在動方。便邀福来。反此也不利。所謂動也。有砂水橋路门户。空缺嶓星是也。所謂靜也。垣墻平正水路橫過。參直尖冲射是也。總以先以元運為主。當低者不可高。當高也不可低。然後以吉凶挨加其上。应水桴鼓。九星之三白最吉。三白中一白尤吉。合旺元運。可催丁。催財。催官。平洋以一白星。挨在大水処。永遠丁財文秀不斷矣。一白貪狼為九星中第一吉星。統領三元九運。其力最為宏大悠久故也。

以阳向左往

右数為式

層　间

	水	火	木	金	土
一層水					
	水	火	木	金	土
二層火					
	水	火	木	金	土
三層木					
	水	大	木	金	土
第四層金					
	水	火	木	金	土
第五層土					

河圖五層

五间之圖

宅之層间。以向之阴阳。分左右数。再以坐山。属何五行。每層

論生尅。

河圖四層五間之圖

以陰向右往左数為式

層間

水	火	木	金	土
第一層水				
水	火	木	金	土
第二層火				
水	火	木	金	土
第三層木				
水	火	木	金	土
第四層金				

宅只四層。無第五層之土数。断法同前。

河圖七層五間之圖

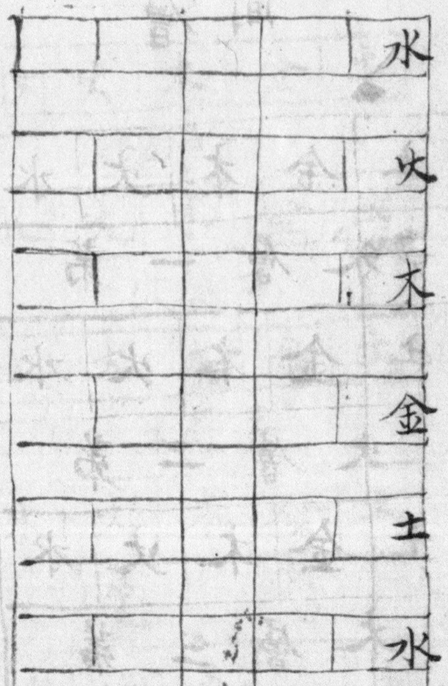

此言七層者。弃以為式。雖十餘層亦不過如是。其間星仍照前。以陰陽左右行。

河圖兩層帯门為三層之圖

原只兩層。倘左水一運。則二層火。不堪住矣。前添有眷有簷之大门。則於層化為二層。二層化為三層。木星可安居矣。

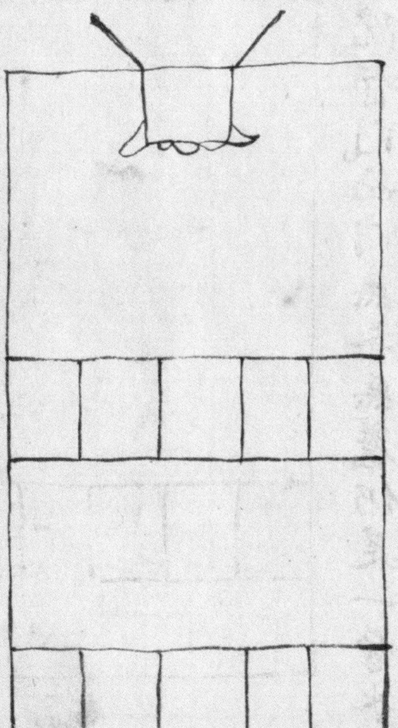

河圖一層之圖

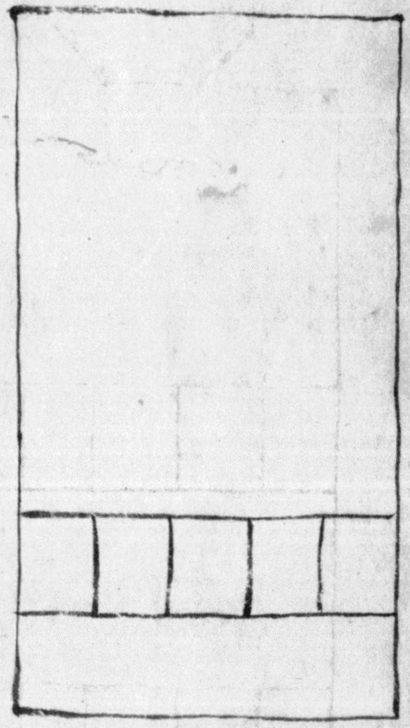

如一層屋。雖有院有门。而门無脊無簷。仍是一層水星。若是木運則为浅炁。將门添起脊簷。如一層水星。則屋化二層。二層火星以生炁全吉矣。

朝東之向
南字抄錯

河圖三層四廂之圖

左右廂。各只一層。皆為水層。倘宅係朝東南之向。其正層以阳向論之。則右廂亦阳。其左廂必阴。向左廂宜徃右数。右廂宜徃左数。

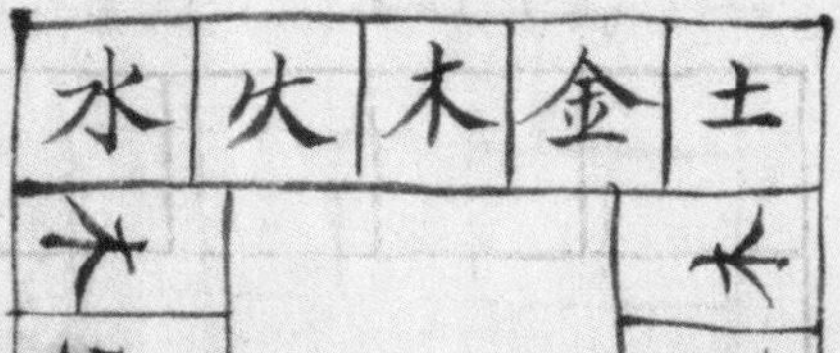

左

右

河圖四間之圖

圖只四間。坐向之阴阳左右数。僅有水一火二。木三金四。坐五土也。

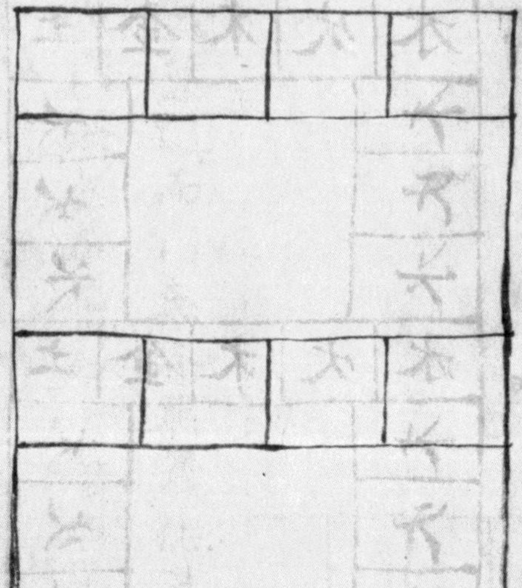

河圖兩層帶门為三層之圖

凡前面大門。並院内腰门。有脊西前後簷。皆為作一層算。亦照層星数。如宅本兩層。終層水星。二層火星。中腰添一门為二層火星。原二層变為三層木星。

河圖層間脊不相連之圖

如正宅只五間。旁連并列亦三間。而脊不連。則各起間星。今以陰向為式。学此類推可也。

凡層受山生者吉。而山比者吉。層剋山者亦吉。層生山者洩氣。不吉。層受山剋者殺氣大凶。此層之太極也。凡階受層生者吉。與層比者吉。間剋層者亦吉。間生層者洩氣。不吉。間受層剋者煞氣大凶。此間之大極也。凡生命干屬天。支屬地。干支合而納音為主。受間生者吉。而間比者吉。剋間者亦吉。生間者洩氣次吉。受間剋者煞氣大凶。又安床之處。為門總收風。以迎生避煞為主。兼為局山層間之生旺死退。此宅中人之太極也。然局山遠層間近。安床收風尤為親近。宅雖求全吉。取其親近而吉居之可也。

洛書宅形方正天元之圖

洛書相宅。以九宮八方為体。以九運八卦五行生尅為用。此宅形四方。宅相四正。八方均匀。九星挨加。住室安床訣。參斷吉凶。顯然未造之宅。可於中央下盤。分方。已造之宅。亦須忖度。前後左右而為之。

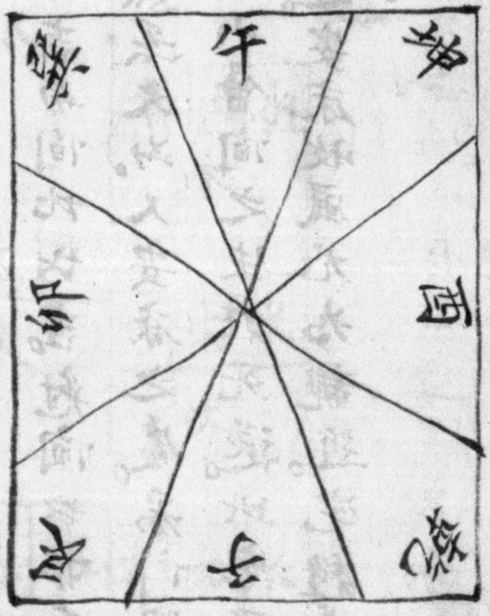

洛書宅形長方之圖

宅形雖長。八方總以盤針縱路分方為主。此中宮最為緊要之樞。捨此斷宅吉凶無準。

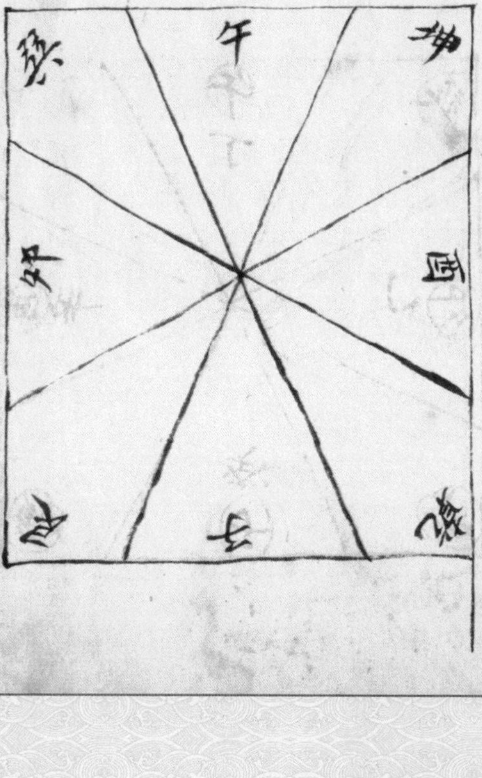

洛書宅形方正人元之圖

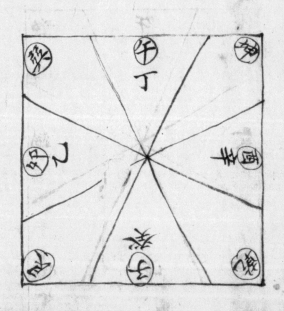

此乃人元向法。八卦方、俱偏於左。宅向即（既）偏。則門路房床。均照卦位配合。九運之炁。以觀生旺。尅亡洩而吉凶憑之。其寅申巳亥。四人元向亦同類推。

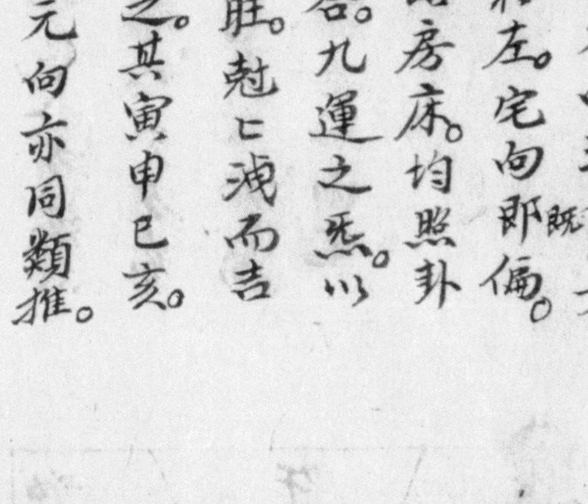

洛書宅形方正地元之圖

以地元向法。八卦方位。俱偏於右。一切兩人元圖同。其辰戌丑未。爲地元向。亦以之。無論宅形方圓。斜曲長短。總以辨清八卦方位。自有主張。

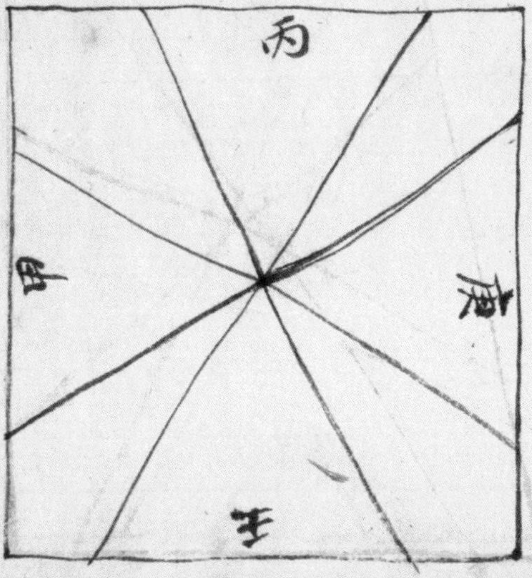

洛书宅形前窄後寬之圖

凡宅形參論。歪斜。寬窄。不能方正等類。俱以中宮下盤分方。

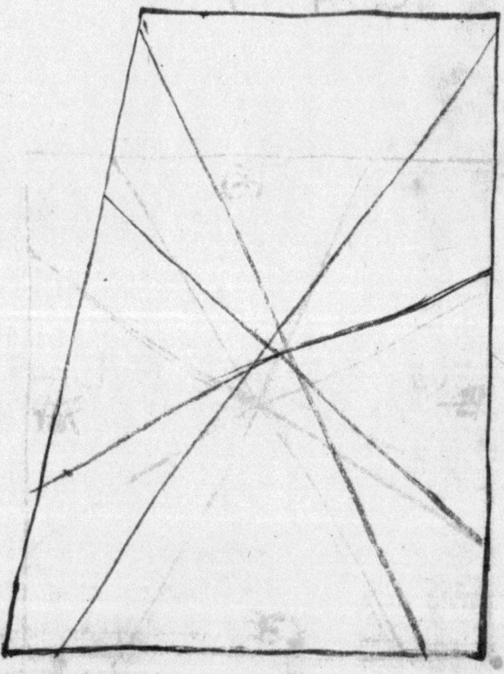

洛書宅形區淺之圖

以上各圖畧舉大概。学者須一陽三反類而推之。宅雖萬窮之形式。必執我一定之法。而運用之斷。不至於吉凶乖錯矣。

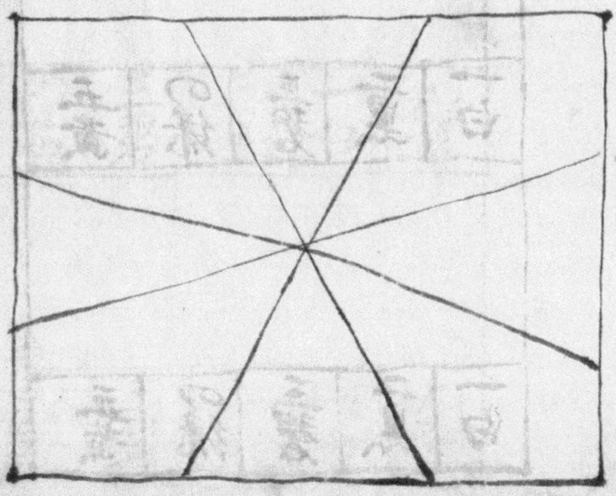

洛書宅形圖

洛書以山分向之圖

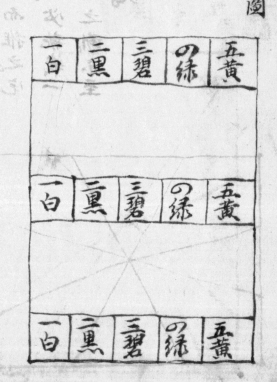

以坎山
為陽山。
分向自
右往左
之例。

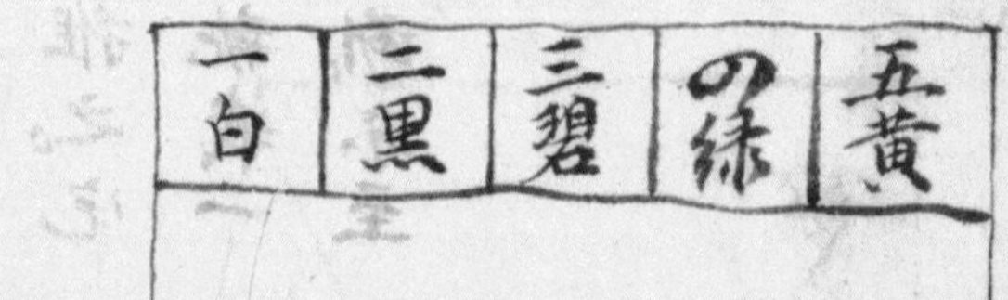

洛书以山分向之圖

此乃離山為阴山。自左挨右分向之例。

四綠	三碧	二黑	一白	九紫
四綠	三碧	二黑	一白	九紫
四綠	三碧	二黑	一白	九紫

洛书層间厢屋之圖

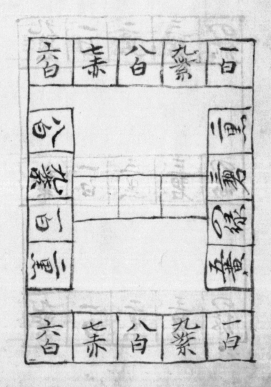

以乾山正屋为阳。左厢艮山亦为阳。右厢坤山为阴。各起间星之例。

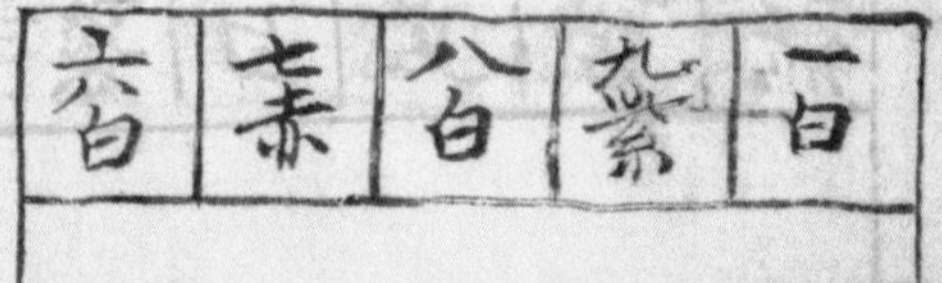

洛书層間兩屋之圖

此以坤山正層屋為陽。左兩乾山為陽。右兩巽屋為陰。各起間星之例。

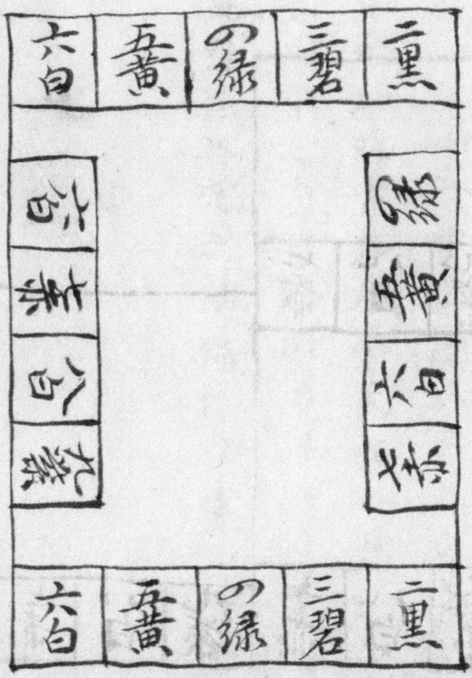

洛書層間脊不和連之圖

此飛屋三間。旁屋三間。脊不和連。各起間星之式。以兌山為例。兌山為陰。自右推左。

以上河洛層间。依正文及解绘圖為式。其实蒋公用法。以地盤一宮之八卦為体。以生山入中。飛調八方為体。中之用。以九運三元本運。入中飛加九紫為用。以天心一卦之向首。一星入中。挨加八方。為用中之用。苟能明此秘諦。則層间皆可畧也。至於改门換路。引炁入宅之法。備详於後。

坎宅门路引炁圖

此舉坎宅门为式。圖具の方八面之门。能一宅八面皆门也。乃一宅不拘在何方開门。而總在此八方之上也。

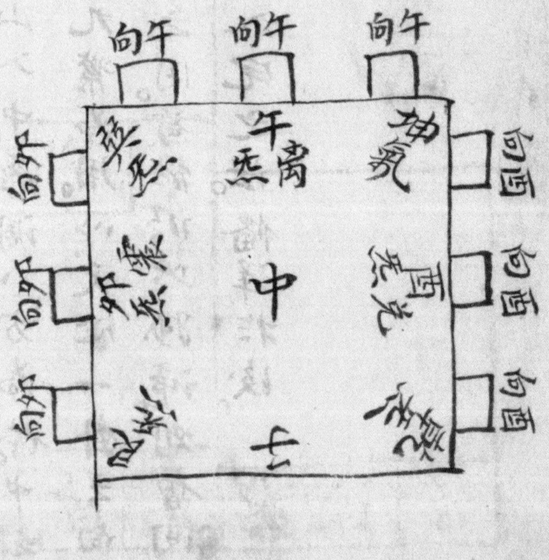

凡宅形或方或长。或寬或曲。而屋則所平正者居多。如右之坎宅。子山午向。正中開门。是當门當氣矣。倘不能開正门。或不宜開正门。則開偏東之巽门。雖门在巽而向仍是午。但左巽方引氣入宅耳。若偏西開坤门。是午向。引坤氣入宅。倘街路在宅之東。必用朝東之门。是坎宅而開卯。如正東之门。是震门。引震氣矣。或偏南是卯向。巽门引巽氣入宅。偏北是卯向。艮门引艮氣入宅。街路在宅之西。必用朝西之正门。是坎宅開兑门。引兑氣入宅。如偏南是兑向。坤门。引坤氣入宅。偏北是（兑向）乾門引乾氣入宅。二十四山向依此類推。

坎宅九紫運の向之圖

前一圖乃言宅之體用。

此圖又言元運體之用。

即天心一卦。下卦起星

之秘訣。今洩露於此。願

與天下積德者宝之。

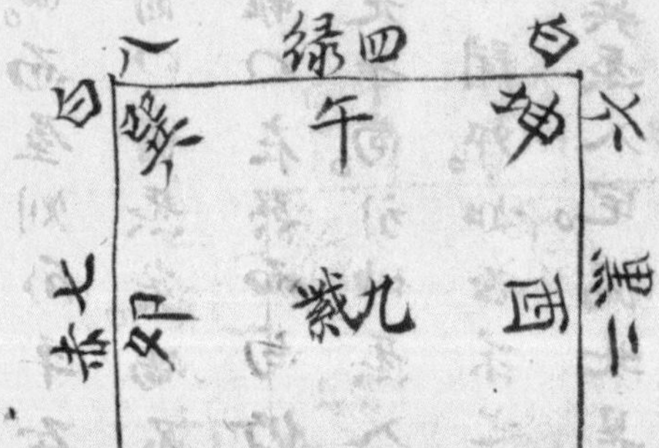

前一圖雖言移门。則換炁。尚是地盤一宅之卦上所來之炁。須為三元九運。各元各運之炁。由方由门引而入室。斯乃有準。趨其生旺。避其死绝。名曰地理。实係因天时以成人事。如舊住之宅。一交新換之運。則方向门路一切隨運加臨星炁改变。其吉凶亦大相懸殊。茲以坎宅逐九紫運繪圖為式。其餘七宅八運可以隅反矣。

坎宅九紫運向星入中之圖

向星入中之式前

言天心一卦比。即

就卦而起挨星。以

向星入中。如九運

之丙向上。の綠入

中。逆挨九宮式

樣。餘可類推。

凡山星入中。局星入中。運星入中。皆只順飛并逆挨者。惟天心一卦。以向星一卦分。天地人之交。四正之卦。天人交陰。地交陽。四隅之卦。天人交陽。地交陰。故壬山丙向。九紫運內四綠到離。乃辰加於丙。以向星入中。遂挨九紫到離南。八白到坎北。六白到震東。二黑到兌西。則內外正側房室門牕向南者。得九紫旺氣上吉。向東者得六白財氣次吉。向西者得二黑洩氣。向北者得八白洩氣。皆主衰敗。房間之向雖亦是。然臥床之與門牕。又宜迎生就旺之法。如東西屋。向二黑洩氣。若安床時。使門牕在西北。得三碧生氣為上吉。使門牕在西南。為財氣次吉。其朝北屋向八白洩氣。若安床使門牕。在西北得三碧生氣。亦為上吉。倘不善安床。其朝南之房向固吉。若门在左引黃五炁入宅大凶。其朝南之房门。左為一白煞炁。门在右為五黃関煞均為最凶之炁。總之一宅以中宮為太極。各间以卧床為太極。古屋以坐處為太極。此乃物〻各有一太極之義。至微至妙。言诀至此。天机尽洩矣。至於施之阴宅。全以就向砂水為主。近亦有将故上石碑扭转作向。亦如三合家。迎生旺就墓庫之法。斯又三元挨星之罪人也。

问一调一遞两星同宫如何辨

答曰の一同宫准發科名之顯。九七合位常招回祿之災。二五交加而損主亦主重病。三七迭臨而被盜更見官刑。三九七六

六三。惟乾震离攀龍有兆。而六九三之间亦可蜚聲。一七七四
四一。但艮坤中附鳳能难。而八二二五之房均堪振羽。八二二五
五八。在兑巽坎登雲足賀。而七四一之屋似早題名。遇退煞亦
無嫌。逢生旺則益利。非独運與局可以叅观。抑且年與月尤須
並論。運烝變逢分大小。年月交会辨三元。宅以局方為主。層以
圖運操權。坤局兑流左輔運臨。科名独盛。艮山庚水巨门運至。
甲第流芳。下元癸卯坎局之中宫發科。岁在壬寅兑上之六白
入泮。煞旺雖求身旺。制煞不如化煞。七赤先天火數。九紫後天
火星。旺宫单遇動始為殃。煞处重逢静亦肆虐。水火星迭見。或
都天加臨。不分動静。火患雖均。庙宇刷红在一白煞方常主瘟

火。楼台聳尖當七赤旺地豈免炎災（災）。二星同到一宮爲家一熆片刻。巽方庚子造土舘。坎兑二局尽毁。而坤局之界不侵。中元丙午起高楼。中兑俱燬。而艮局遠方始免。五黃閙煞不拘臨方到間。人口常損。二黑病符營論小運流年。疾病多生。五主孕婦受災。黃遇黑時出寡。二主宅母多毒。黑逢黃又居鰥。如運已退九火相逢災不挂。運若來（未）二五交臨疾不免。三碧好勇鬬狼之夫。七赤肅煞劍鋒之象。三与七七与三交。劍煞与多刦掠。六逢七七逢六剛牛煞起犯官形。六白老阳之金。七赤破軍之鉄。七逢三到生財。豈知財到招盜。三遇七臨生病。豈知病甚遭官。運至何慮穿心。然而煞星遇旺終逢賊刦。身強不畏返吟。但因助

神一去遜見官災。若求官星弭盜。何須局外搜求。要識却病延
年。全在疇中討論。六八武科發跡。九七翰署榮身。八六文士參
軍。二九異途擢用。旺生一遇郎利。死退婁臨孰崙。六同九而長
房血症。七九之会大凶。八会四而小口殞生。八三之逢更恶。八
逢九紫孟慶大重来。六遇八白尊榮疊至。欲求嗣速惟而生神加
紫白。至論帑藏尤宜旺氣在兇星。二黑兇乾逢八白而財源大
進。遇九紫而螽斯蟄七。三碧臨庚遇一白而丁口頻添。交二黑
而青蚨闽七。木间逢一白為生。八白同宮須添丁而不育。大層
遇木運而招財。午逢戌亥却惹官非而生災災。故遇煞未可言煞。
宜求化煞為恩。逢生未可言生。尤忌恩受制。方曜宜配局配山。

更配層星乃善。間星必合山合層。尤宜方位增先。在方論方原有生尅之辨。復配以山之生死。局之衰旺。層之退煞。而方曜之何失斯此。就間論間。因有畸宮配合之殊。再合一層之恩難。山之父子。局之財官。而間星之制化聿彰。論方比以局山層同到。觀其何運失運而吉凶懸絕。論間比以運年月疊至。徵其何悉失悉而休咎多途。二黑土生乾宮老父老母和配。入三層則木來尅土而財少。入兌局則星到生宮而人興。更逢九紫入木土之元。則何運而財丁並茂。兼主科名。以河圖之四層屬金。洛書之四綠屬木。此圖尅書之局。入兌方則文昌破体而出孤。入坤局則亦怕都天火星疊凶。山雖逢元而死退方之凶方。尤畏黃旛豹尾助虐。蓋吉凶原由星判。而隆替乃諸運分。局運興屋運敗諸[從]局招吉。山運敗層運興諸層禎祥。正屋飞房為主。起運起飞屋。兩兩耳房諸屋為奴僕。不起運只以當廳層楼棟至大门厨。逐一星去合吉步以配吉星。合吉運以納吉炁。則丁财壽貴。五福俱全矣。

三元陽宅紫白賦

四一同宮准發科名之顯

先以宅星入中宮查得四綠落何宮位次以流年太歲入中宮輪得一白到四綠處即為四一宮同其年最利科試蓋一白為官星之慶案列牙笏文章四綠為文昌之祥星垂天輔太乙還宮復位感召固佳交互疊逢騰驤尤疾取四一之同宮以肴文章得官星而顯揚最利科試尤利引見故四得一而交互為美一得四而還復更佳而每年入中宮只有一層一向不能多過

而四一同宮亦祇一宅一間也

七九絫逢常遭回祿之災

先以宅星入中宮次以流年太歲入中宮查得九紫遇流年七赤或本宅遇流年九紫同泊其宮而其方又犯本年某月丙丁火星抑或驚動修造等事則其間發火累及鄰居必然若城市火村者亦以中間之屋為中宮論其方道亦美以一間論其間同凡地方之遭火災者必是犯七赤同宮丙丁火星相助值如六白宅被離火太甚七赤宅被乾兌水太甚九紫宅被艮兌水太

甚一白宅被艮水太甚豈有不遭回祿者更逢七九穿途耳

二五交加而損主亦且重病

查得本宅或二黑流年五黃宅長住之必被損傷各住其間又

係一白年星則得病損壽可決矣

三七疊臨而被盜更見官刑

三碧七赤同宮九星中招是惹非也宅遇流年相遇同宮不

但在家者被盜見災即生理在外亦不免被盜見官矣

是故三九九六六三豈惟乾離震攀龍有慶

此就八卦排其間也三九以流年三碧入中則四綠乾在以離宅九紫入中宮則一白乾在故離宅乾間得四一同宮九六以流年九紫入中四綠在離以乾宅六白入中則一白在離故乾宅離間得四一同宮也六三以流年六白入中則四綠在震以震宅三碧入中宮則一白在震故震宅震間得四一同宮也

一七七四四一豈惟坤艮中附鳳爲祥

一七者兌宅艮門樓也遇一白之年吉七四者巽宅坤門樓也遇七赤之年吉四一者坎宅之中也遇四綠之年吉

然二五八之間亦且蜚聲

其曰二者橫輪離宅第二間也三碧之年第二間是四綠九紫之宅第二間是一白北五間屋故四一在第二間也其曰五者橫輪乾宅第五間也九紫之年第五間是四綠六白之宅第五間是一白此七間屋故四一在五間也其曰八者橫輪震宅第八間也六白之年第八間是四綠三碧之宅第八間是一白此九間屋故四一在八間也

而四七一之房均稱鳳逸

四者兑宅第四間即艮方房也一白之年四緑在艮七赤宅一白到艮此年艮方吉七者巽宅第七間即坤方房也七赤之年四緑在坤四緑之宅一白在坤此方坤方吉一者坎宅坎間也以四緑年星入中宮而四緑即在中宮以本宅一白入中宮而一白即在中即文下所云癸卯年登榜是也

八二二五五八則兑巽坎宅固是尊榮

此論一團大勢某年某方某屋大利非專論一宅也八二者八白之年二黑之山則山年四一在兑方之宅二五者二黑之年

五黃之山則山年四一在巽方之宅五八者五黃之年八白之山則山年四一在坎方之宅以上兑巽坎宅俱可尊榮

八二五八二五而三六九層俱可顯名

此論屋之層數如三層屋遇八白之年二黑宅排四一在三層

六層屋遇五黃年八白宅排四一在六層 九層屋遇二黑年五黃宅排四一在九層

遇退煞以無嫌逢財旺而益利合局運以參觀遇年運而並悉

退煞者交西卦而乾兑艮離之煞水已避逢在旺者而乾兑艮

離之旺氣已收則元運已得宅局又合且邀迎流年吉照臨元運有生尅以此參觀而並論者也

運有双逢分大小歲如交會辨三元

一元之運分甲子甲戌二十年甲申甲午二十年甲辰甲寅二十年元有大小三元各司其命令交之會歲照大小司令辨其三元之中得令此最微而最細者也

但住宅以方為主而層進以元運為君

凡論住宅先運其局之向對得令次論其山之生旺有氣若層

與間則又要論其元運看有幾層幾間然後接元以合之乃可

得吉而獲福也

嘗考坤局兌流左輔臨而科名獨盛

此上元坤山艮向而得左輔朝水出兌合地二生火天七成之之

局當甲辰甲寅二十年以艮水為震之催官故科名獨盛

艮山坤向巨門而甲第聯芳

此下元艮山坤向得巨門朝水出震合天三生木地八成之之

局當甲子甲戌二十年以坤水為兌之催官故甲第聯芳

下元癸卯年坎局之中宮發科下元壬寅年兑六白兩入泮
下元子山午向遇癸卯年四一在中宮同故發科有准下元壬寅年五黃入中宮六白在乾兑宅七赤入中宮八白在乾是兑宅乾間得三碧會合故能入泮矣

故白衣求官秀士得舉推之各有其法而下僚求升發思起作亦異其名

求官重一白官星不重四緑文昌其法其方各有不同如其閒有四一同宮而居就其間而住之自可得官得名也

第一文昌不如元昌或山堆大塔龍即旺宮亦變易而制煞不如化煞或鐘鼓樓閣局乖生氣以施行煞旺生旺須當審慎俗以坎宅之生氣在巽萬年一例不知元運變生氣亦變矣

五絕六害為煞方生氣天醫為吉如坎之在巽用鐘鼓樓閣以制乾兑艮離之煞或以宅主之年月日時用水局化之皆不通之論也夫煞不宜制制之為凶化之為吉何則如煞在震巽坤則壂屋栽樹遮攔以避之避即化化則吉矣若其方用鐘鼓樓閣以鎮煞則煞愈勝故築樓閣審其生旺施行可也

若夫七赤為先天火數九紫為天後火星旺宮單遇動則相侵煞
處重逢靜以肆虐或廉貞疊至或都天再臨雖分靜動火患為均
七赤九紫廉貞回祿由一般也旺宮單遇無防不動則已若夫煞
方靜以肆虐倘五黃廉貞並至又都天加臨即不動亦難免也
凡此皆以宅星入中宮排之查其會合凶方與煞否若煞方有
大江大湖對其宅而七九同到火災必矣
是故乾宮之水路宜通閉則鬼祟右弼之池井當鑿填則魔侵
此言上元坎宅先天乾方喜水也乾乃後天之離耳

廟宇刷紅在一白煞方尚主瘟火

上元離方照墻刷紅在一白之煞位雖係廟宇不免瘟火

高楼聳尖當七赤旺地豈免凶災

下元七赤宅方乃先天九紫坐宫六十七赤方不宜造高楼閣若

遇五黃之年火災必難免矣

建高塔於火宫須知生旺轉輪

若離方高塔造於下元對文昌蔚起若出上元則是煞

方不宜建造故曰轉輪

但逢二星同到必然萬寶燼盡

二星者七九星也二星在本宅論流年都天到其方乃有此禍

巽方庚子起高楼坎艮二局俱焚坤局無害

上元庚子年一白入中宮九紫到巽艮宅八白入中宮七赤到巽故巽方修造高樓坎艮二局皆焚坤宅庚子年七赤到宮而無九紫故無害

已上丙午與傑閣巽中離兑盡燼艮宅無害

下元一白入中宮九紫到巽離宅九紫入中宮兑宅七赤入中宮

離兑二宅皆此入中宮起火而與別宅無涉也　下元艮宅

丙午年巽亦係七赤九紫巽方不動火災可免　以上論七九

五黄凶煞不拘臨方到間常損人口二黑病符無論小運流

年多生疾病

二五乃惡星凶煞不宜到方到間又不宜運逢年逢若到

之逢皆凶倘作動愈見禍也

五主孕婦受災殃黄遇黑對出寡婦　二黑主宅母多疾病

黑遇黄對出鰥夫

五黃陽土二黑陰土主肚腹痛故孕婦受災黃土加黑是壓陰也故出寡婦黑土加黃是壓陽也故出鰥夫若有無五有五無二不妨

是以六七劍殺（七與六也）與多刦掠

七赤破軍金遇六白武曲金如卯山酉向乾金交戰故有刦掠

鬪牛煞（三與七也）起惹官刑

三碧祿存凶惡之星遇二黑坤重濁之星故因爭鬪爭訟而遭官刑如卯山酉向見坤亦水然

七逢三而生源財豈知財多被盜

宅星七赤金遇年流三碧木而為財財金木皆凶惡故得財被盜

七遇七而生病那知病愈遭刑

宅星三碧木星遇年七赤金而相尅害故多病復招官刑如子山午向兑水橫過亦然

運至何處穿心煞煞星遇旺終招賊刦

屋之門路局法雖吉而流年煞星同太歲會臨故災刦之病

身强不畏反吟但助神一去遂罹官災

屋局當令水道門路皆吉何畏小流年之煞但流年吉神不到而偏遇凶神加臨難免官災故有當年之宅間亦意外之意患

要知息刑弭盜只須局內搜索欲知病愈延年全在星中找尋

人家被盜遭禍皆因局宅之不善又觀流年一二五交加三七疊臨七九穿途等凶而人之遊泮登科以及一切吉利之事實由四一同宮然流年之禍福不如元運之禍福明矣故斷宅之法不外乎此

更有武曲青龍喜逢左輔福星

武曲青龍六白也如宮坐六白金星喜流年土星生宮則吉」

六八主武科發跡七五必韜畧榮身

此論乾宅與流年宮星六白武曲金星遇流年八白左輔土星生宮故主武事七五者宮中七赤金遇流年五黃土以七赤是破軍故宜韜畧榮身

八六主文事叅軍二九異途擢用

此論艮宅遇流年八白宮星左輔土遇流年武曲金是宮生星

故主文事叅軍二九者宮星二黒遇流年九紫火以二黒是巨門財星故亦得遇異途擢用也

生旺一遇為亨死退雙臨不利

旺星遇與生星得一星到宮便吉死退是尅害之星雙到必大凶

九紫雖引喜氣然六會九而產母血症

此論乾宅九紫之年九紫雖係生子星而宮星六白金遇流年九紫火來尅金故主產母血症

四綠固號文昌然八會四而小口損傷

此論艮宅遇四綠之年而流年遇四綠則木而尅土必損聰明之子

七九之患宜明

此論乾宅遇七赤飛來雖不逢九紫而逢七赤亦遇九紫同患蓋六白之宅又值六白之年是上元戊辰年而七赤到乾不但產母血症而乾宅坤坎二間內必起火七赤到乾火不起乾宮而起坤坎二間者以二黑入中七赤到坎一白入中七赤到坤亦然耳

三八若遇更惡

三碧木星乃祿存星之惡者四綠文昌木星柔順若逢八白

聰明之子必損

八白逢紫耀須喜重臨

八白之宮遇流年九紫不是生子便是婚姻以火生土故也

六白遇輔星可以尊榮不次

宮星是六白遇流年八白之星百事皆吉

如遇兩美之合盡同四一顯應

若逢宮星遇流年星兩美與四一同宮並斷也

欲求嗣速惟數生旺加紫白至論局法尤看旺氣與飛星

求子之法要年星生宅星若宅星是八白土而年星是九紫火又得旺間更得其間之旺門而陽氣入內得陽貴人又得此向房是木年天喜方生子必矣

二黑飛乾逢八白而財源大進遇九紫而螽斯蟄蟄

此論坎宅一白入中飛二黑在乾遇流年七赤入中飛八白到乾九紫喜星到乾住乾向者不但發財必生喜男

三碧臨兑逢一白丙丁口類添夾二黑而青蚨營營

此論坎宅一白入中宫飛三碧到兑逢流年八白入中宫飛一白到兑則添丁有喜交流年九紫入中飛二黑到兑則財大發蓋二黑遇三碧乃生財之星也

震宅逢一白為生八白臨而添丁不育

震宅以三碧入中宫飛一白到震可云生宫之星矣奈歲星八白到震而被土則水不能生木故難生産一白被八白所制故生不育

火層遇木運得財水局年而官災必成

火層者乃層屋之第二層也遇木者戊子之木運也然一運二十年中或水來尅火故有官災之事非水生木乃木生火之謂也

故遇煞未可云煞須求化煞為主

遇煞未可云煞者乃本屋之煞方有樹木高樓遮攔則旺方之風氣吹入煞方而止是煞反受收旺氣故化煞為生矣

逢生未可言生者猶恐忌星受制

逢生未可言生者如東時宅坎以巽為生方而高築樓閣於巽

方財乾方之煞氣煞風吹入巽方而止豈非忌星受制乎故生

雖宜高峻宜在百步之外煞方屋宜遮要在百步之內所謂生

方宜開門者乃能迎接旺氣煞方宜閉歛有乃能遮閉凶氣故

也水亦如之

但方曜宜配局配山更配層星乃善

如艮山坤向乃土山土局宜作兩層以火生土也若局三層財

木尅土矣故宜配合也

間星必合山合層尤合方位為美

間也山也層也必宜配合向宜尤要審明方位水路乃成吉宅

如東附宅坎其方向乾艮水其間數至三間或四間六間皆吉

方西房兌宅乾兌二方有屋或艮方有屋震巽方空濶其層

數或作三四之數皆吉其餘宅宜照東西兩卦用之

蓋玄方論方原有星宮生剋之辨須配以山之生死局之衰旺層層

退煞如何而方位之得失始見

看宅之法先看方位吉凶次看宮而星或生或死後看山

向之得令失令進之旨煞無煞然後可准此乃林之大要也

就間論間用乃河洛配合之分再合以層數之高低山之父子局之財官奚若而用星之制化聿昭

看宅之法所看其用八卦陰陽合否次查層用高低孰吉孰凶又查本年本局父子財官或合與不合而後再查本年流年星或生或尅倘其用乃不合之處詳查而制之化之驗如神矣

論此以局為令之局陰陽於內零神朝揖乃路合之謂其內外惟均而富貴可許論用此以氣三元之旺氣元令適臨星年疊至星來生宮徵其旺氣不失而福祿永貞

此二卦皆言局運之相合者也

如八卦乾位屬金九星則八白屬土此乃生旺之星

此言乾宅八白土生金生方

若三層則木尅土而少財

第三層屬木則八白生乾金奈三層木又制八白土土不能生

乾金故云少財

入兌局則星來生宮而丁旺

八白土入兌宅相生故人興旺

更逢九紫入土木之元斯得運而財丁交發兼主科名

此言九紫之宅也逢上元甲辰甲寅二十年木運得木星生九紫之火則於生此吉甲申甲午二十年土運亦為九紫所生相合故財丁旺而又發科名

如河圖四間屬金而洛書四間屬木此為圖書之局入兌方則文章破體而出孤

蓋四緑木文昌之星也入兌方而被金尅故損聰明之子兮被尅亡

入坤宅則巨門土濁而出寡

坤局四間為金然坤土重兌金薄故少婦有寡居之患也

若此一層入坎震之鄉始為旺氣而科甲成名亦屬丁口 四間屬金 坎宅吉

此二節乃層間之生尅也局為體山為用山為体運為

用体用一元天地靜寧此乃立宅之法要本山本局要左本元

乃吉若山為君層為臣層為君間為臣合德鬼神欽仰此

乃一宅之中層間必要合法

局雖交運而八方之六事尚慎戊己廉貞疊加

此本局雖得元運而六事修動之方最怕戊己都天煞故
修動又宜審慎
山雖逢元而死退之惡煞猶恐巡羅天罡加臨
巡羅即本年太歲天罡即辰戌丑未加臨如本山雖在運中而
煞方又值太歲諸凶加臨則煞上加煞不可動犯五黃戊己
都天類
蓋吉凶原由星斷而隆替實本運分局運與屋運敗可從局運
局論與此水神當令也屋運敗此不當元運也

山運敗水運與又從水運也

山運敗水癸丁兼丑未之類下元時論局運與如子午兼

壬丙體以山憑

楊公救貧之法專以水運學者亦深思焉 逆子之数 務明星運之用啟廸後

賢之美神而明之存乎其人豈俗所能窺測哉

總言星運以五行論生剋元運論生旺休囚層數(日數合

五行元運生剋而斷之神明隨乎其人虛心慧眼是真仙地也

五行所屬禍福必應各有遲速如屬火者可先日時而斷之以

火未燃而烟先出也屬水去須过日时而斷之以水流过而方濕也又凡住居須配年命論斷只以盤上十二支合生命上地支度其生尅刑冲吊合而斷不必更於盤上天干相推惟支已相配而干又相制則所必忌

坎主腎病　離主目病軟疼火病　震主火病　兑主人不正口舌病

乾主寒疾　艮主哽病虛疾氣痛　巽主風脛病氣痛　坤主母病肚腹痛病

二訣俱是挨星歌陽順陰逆細揣摸

木未尅土瘋癱病胃氣冲心笑哈哈体弱若面黃並眼泚泚失

音氣血欠安和眼酸脚軟風邪症肚腹膨脹咳嗽多土來尅水主
啞聾眼底昏花氣不足失音風狂多思慮小子尤甚生疲癃多
生女來仍多死逃走淫邪酒更凶水來尅火心疼焦噎食婬邪
病作勞水盛小心並泄痢蓋因水火不能交婦人胎病兼崩漏
寒熱難均胃不調火來尅金咳嗽帶鼻干喉嗓面皮黄酒色虛
勞或吐血肺金痰火見刑傷腸結便紅聲音啞手足难伸應
老陽更有瘋癲癱痪症老陽火女終身當
貪生五子巨三卯武曲金星四子强強五鬼廉貞人兩個輔弼只

有半兒郎文曲水星惟一子破軍無子守孤孀祿存無子人高壽
生旺休囚細推祥
層數本河圖大畧
水山一層水見水出人遊蕩不聚財二層水火既濟財帛畧旺並
發秀四層金生水外益內先女後男發財悠久五層土尅水人
財不旺又總斷逢生旺則為文秀為財勢為標首為聰明逢尅
煞則為娼佚為寡婦為溺女為標蕩
火山一層水尅火人財有防水厄失明二層火見火性狂暴

出寡孤財不旺恐有回祿三層木生火外益內主人生興旺但
恐不久五層土受生先富後貧出迂腐老孺又總斷逢生旺則
為横財為巨門為多女逢尅煞為吐血為墮胎為難產為妖亡
為禍横
木山一層水生木人財雖有不長久二層火洩氣人財卻發當貴
亦發但不久遠子孫漸稀三層木見木旺氣人財大盛秀貴非
常失運雖防弔縊之厄四層外制內金尅木人丁不旺若有
財必生絶敗之子五層木尅土則財丁不旺又總斷逢生旺則

為文財才為多男為魁元逢尅煞為少亡為絕嗣為自縊

金山一層水於生女子秀美聰明男子不免淫蕩二層火尅金外制内勞瘵於傳必出絕敗之子三層木受山尅財雖有而丁不旺主有瘋痰癰腫骨節痛之勞四層金比合人丁旺而女更强當門路作大院以泄其氣則男免富貴双美五層土生金外益内丁財旺長大發富貴又總斷逢生旺則為巨富為好義逢尅煞為刀兵為吊頸為孤伶

土山一層水受尅出浮腫痰瘦冷病丁不旺二層火生土丁財兩

旺初代興旺不久遠三層木剋山丁財不旺吉久住敗絕四層

屋受山生丁財兩旺富貴崇高五層合山必生富貴之子人丁

大旺福祿遠長又總斷逢生旺為聚財為多子多孫逢剋煞為

瘟瘽為孤霜為喪亡

分房變氣

共宅同門地勢偏一林花木各時鮮只緣門路宮宮變細把青

囊理數研中架居中離氣正下元方向喜便便東左變坤一白

發西方變巽發中九八宅依此論衰旺此訣分房是所傳居於

東左則離變坤居於西右則離變巽

宅相

陽宅形勢貴裁量僕妾兒孫各有房一步一星隨他變門墻衢路要推祥天光落處看風色此是精微莫輕揚一宅之中災福異生管死在微茫

陽宅全藉門路風氣上接天氣下收地氣層層引進隨時分應以進吉凶不可拘泥形迹即如同一門也再離門為受地離氣下元吉此就離方無水則然若遇離方有水近再離門則又收水

之旺氣上元吉矣同一墻也如朝南當面有墻太近而高逼則
受坎風若遠而舒坦則坎風漸變為離氣矣此回風返氣之同〻
一路也曲折而來朝則為來氣若橫過者又為界氣矣
同一橋也逼近而太高無論吉凶之方俱為煞氣若自遠疊
疊而整齊者又為來氣矣
同一隅空也方整平坦者為來氣若墻尖屋歪斜漏風無論吉
凶之方俱受凹風煞氣矣
作灶逢忌烟火日

正五九月卯日凶　二六十月子上逢（甲子）　三七十一酉日忌（癸酉）

四八十二午宮中（庚午）　正七辰戌正須防（滿日）　二八豬蛇不可當

三七切忌逢子馬　四十又怕犯牛羊　世人不信絕烟火（日）

五十一月寅申當　六十二月卯酉是　十人犯着九人亡

作灶宜黃道、黑道大不祥、建破防家長、除危（母）受殃、成滿害男女、執閉損牛羊、開進多財寶、平收進田庄、八凶君若犯、四吉乃為良、

占筮類			
1	擲地金聲搜精秘訣	心一堂編	沈氏研易樓藏稀見易占秘鈔本
2	卜易拆字秘傳百日通	心一堂編	火珠林占陽宅風水秘鈔本
3	易占陽宅六十四卦秘斷	心一堂編	
星命類			
4	斗數宣微	【民國】王裁珊	民初最重要斗數著述之一；未刪改本
5	斗數觀測錄	【民國】王裁珊	失傳民初斗數重要著作
6	《地星會源》《斗數綱要》合刊	心一堂編	失傳的第三種飛星斗數
7	《斗數秘鈔》《紫微斗數之捷徑》合刊	心一堂編	珍稀「紫微斗數」舊鈔秘本
8	斗數演例	心一堂編	
9	紫微斗數全書（清初刻原本）	題【宋】陳希夷	斗數全書本來面目；有別於錯誤極多的坊本
10-12	鐵板神數（清刻足本）——附秘鈔密碼表	題【宋】邵雍	無錯漏原版 秘鈔密碼表　首次公開！
13-15	蠢子數纏度	題【宋】邵雍	蠢子數連密碼表 打破數百年秘傳　首次公開！
16-19	皇極數	題【宋】邵雍	清鈔孤本附起例及完整密碼表 研究神數必讀！
20-21	邵夫子先天神數	題【宋】邵雍	附手鈔密碼表 研究神數必讀！
22	八刻分經定數（密碼表）	題【宋】邵雍	皇極數另一版本；附手鈔密碼表
23	新命理探原	【民國】袁樹珊	子平命理必讀教科書！
24-25	袁氏命譜	【民國】袁樹珊	
26	韋氏命學講義	【民國】韋千里	民初二大命理家南袁北韋
27	千里命稿	【民國】韋千里	北韋之命理經典
28	精選命理約言	【民國】韋千里	
29	滴天髓闡微——附李雨田命理初學捷徑	【民國】袁樹珊、李雨田	命理經典未刪改足本
30	段氏白話命學綱要	【民國】段方	民初命理經典最淺白易懂
31	命理用神精華	【民國】王心田	學命理者之寶鏡

32	命學探驪集	【民國】張巢雲	發前人所未發 稀見民初子平命理著作
33	澹園命談	【民國】高澹園	
34	算命一讀通——鴻福齊天	【民國】不空居士、覺先居士合纂	
35	子平玄理	【民國】施惕君	
36	星命風水秘傳百日通	心一堂編	
37	命理大四字金前定	題【晉】鬼谷子王詡	源自元代算命術
38	命理斷語義理源深	心一堂編	稀見清代批命斷語及活套
39－40	文武星案	【明】陸位	失傳四百年《張果星宗》姊妹篇 千多星盤命例　研究命學必備
相術類			
41	新相人學講義	【民國】楊叔和	失傳民初白話文相術書
42	手相學淺說	【民國】黃龍	民初中西結合手相學經典
43	大清相法	心一堂編	重現失傳經典相書
44	相法易知	心一堂編	
45	相法秘傳百日通	心一堂編	
堪輿類			
46	靈城精義箋	【清】沈竹礽	沈氏玄空遺珍 玄空風水必讀
47	地理辨正抉要	【清】沈竹礽	
48	《玄空古義四種通釋》《地理疑義答問》合刊	沈瓞民	
49	《沈氏玄空吹虀室雜存》《玄空捷訣》合刊	【民國】申聽禪	
50	漢鏡齋堪輿小識	【民國】查國珍、沈瓞民	失傳已久的無常派玄空經典
51	堪輿一覽	【清】孫竹田	
52	章仲山挨星秘訣（修定版）	【清】章仲山	章仲山無常派玄空珍秘 門內秘本首次公開 沈竹礽等大師尋覓一生未得之珍本！
53	臨穴指南	【清】章仲山	
54	章仲山宅案附無常派玄空秘要	心一堂編	
55	地理辨正補	【清】朱小鶴	玄空六派蘇州派代表作
56	陽宅覺元氏新書	【清】元祝垚	簡易・有效・神驗之玄空陽宅法
57	地學鐵骨秘　附　吳師青藏命理大易數	【民國】吳師青	釋玄空廣東派地學之秘
58－61	四秘全書十二種（清刻原本）	【清】尹一勺	玄空湘楚派經典本來面目 有別於錯誤極多的坊本

62	地理辨正補註　附　元空秘旨　天元五歌　玄空精髓　心法秘訣等數種合刊	【民國】胡仲言	貫通易理、巒頭、三元、三合、天星、中醫
63	地理辨正自解	【清】李思白	公開玄空家「分率尺、工部尺、量天尺」之秘
64	許氏地理辨正釋義	【民國】許錦灝	民國易學名家黃元炳力薦
65	地理辨正天玉經內傳要訣圖解	【清】程懷榮	秘訣一語道破，圖文并茂
66	謝氏地理書	【民國】謝復	玄空體用兼備、深入淺出
67	論山水元運易理斷驗、三元氣運說附紫白訣等五種合刊	【宋】吳景鸞等	失傳古本《玄空秘旨》《紫白訣》
68	星卦奧義圖訣	【清】施安仁	三元玄空門內秘笈　清鈔孤本 過去均為必須守秘不能公開秘密 與今天流行飛星法不同
69	三元地學秘傳	【清】何文源	
70	三元玄空挨星四十八局圖說	心一堂編	
71	三元挨星秘訣仙傳	心一堂編	
72	三元地理正傳	心一堂編	
73	三元天心正運	心一堂編	
74	元空紫白陽宅秘旨	心一堂編	
75	玄空挨星秘圖　附　堪輿指迷	心一堂編	
76	姚氏地理辨正圖說　附　地理九星并挨星真訣全圖　秘傳河圖精義等數種合刊	【清】姚文田等	蓮池心法　玄空六法 門內秘鈔本首次公開
77	元空法鑑批點本——附　法鑑口授訣要、秘傳玄空三鑑奧義匯鈔　合刊	【清】曾懷玉等	
78	元空法鑑心法	【清】曾懷玉等	
79	曾懷玉增批蔣徒傳天玉經補註【新修訂版原（彩）色本】	【清】項木林、曾懷玉	
80	地理學新義	【民國】俞仁宇撰	揭開連城派風水之秘
81	地理辨正揭隱（足本）　附連城派秘鈔口訣	【民國】王邈達	
82	趙連城傳地理秘訣附雪庵和尚字字金	【明】趙連城	
83	趙連城秘傳楊公地理真訣	【明】趙連城	
84	地理法門全書	仗溪子、芝罘子	巒頭風水，內容簡核、深入淺出
85	地理方外別傳	【清】熙齋上人	巒頭形勢、「望氣」「鑑神」
86	地理輯要	【清】余鵬	集地理經典之精要
87	地理秘珍	【清】錫九氏	巒頭、三合天星，圖文並茂
88	《羅經舉要》附《附三合天機秘訣》	【清】賈長吉	清鈔孤本羅經、三合訣法圖解
89－90	嚴陵張九儀增釋地理琢玉斧巒	【清】張九儀	清初三合風水名家張九儀經典清刻原本！

91	地學形勢摘要	心一堂編	形家秘鈔珍本
92	《平洋地理入門》《巒頭圖解》合刊	【清】盧崇台	平洋水法、形家秘本
93	《鑒水極玄經》《秘授水法》合刊	【唐】司馬頭陀、【清】鮑湘襟	千古之秘，不可妄傳匪人
94	平洋地理闡秘	心一堂編	雲間三元平洋形法秘鈔珍本
95	地經圖說	【清】余九皋	形勢理氣、精繪圖文
96	司馬頭陀地鉗	【唐】司馬頭陀	流傳極稀《地鉗》
97	欽天監地理醒世切要辨論	【清】欽天監	公開清代皇室御用風水真本
三式類			
98－99	大六壬尋源二種	【清】張純照	六壬入門、占課指南
100	六壬教科六壬鑰	【民國】蔣問天	由淺入深，首尾悉備
101	壬課總訣	心一堂編	過去術家不外傳的珍稀六壬術秘鈔本
102	六壬秘斷	心一堂編	
103	大六壬類闡	心一堂編	
104	六壬秘笈——韋千里占卜講義	【民國】韋千里	六壬入門必備
105	壬學述古	【民國】曹仁麟	依法占之，「無不神驗」
106	奇門揭要	心一堂編	集「法奇門」、「術奇門」精要
107	奇門行軍要略	【清】劉文瀾	條理清晰、簡明易用
108	奇門大宗直旨	劉毗	天下孤本　首次公開 虛白廬藏本《秘藏遁甲天機》 奇門不傳之秘　應驗如神
109	奇門三奇干支神應	馮繼明	
110	奇門仙機	題【漢】張子房	
111	奇門心法秘纂	題【漢】韓信（淮陰侯）	
112	奇門廬中闡秘	題【三國】諸葛武侯註	
選擇類			
113－114	儀度六壬選日要訣	【清】張九儀	清初三合風水名家張九儀擇日秘傳
115	天元選擇辨正	【清】一園主人	釋蔣大鴻天元選擇法
其他類			
116	述卜筮星相學	【民國】袁樹珊	民初二大命理家南袁北韋 南袁之術數經典
117－120	中國歷代卜人傳	【民國】袁樹珊	

心一堂術數古籍珍本叢刊　第二輯書目

占筮類			
121	卜易指南(二種)	【清】張孝宜	民國經典，補《增刪卜易》之不足
122	未來先知秘術——文王神課	【民國】張了凡	內容淺白、言簡意賅、條理分明
星命類			
123	人的運氣	汪季高(雙桐館主)	五六十年香港報章專欄結集！
124	命理尋源	【民國】徐樂吾	民國三大子平命理家徐樂吾必讀經典！
125	訂正滴天髓徵義		
126	滴天髓補註 附 子平一得		
127	窮通寶鑑評註 附 增補月談賦 四書子平		
128	古今名人命鑑		
129-130	紫微斗數捷覽(明刊孤本)[原(彩)色本] 附 點校本 (上)(下)	馮一、心一堂術數古籍整理編校小組 整理	明刊孤本 首次公開！
131	命學金聲	【民國】黃雲樵	民國名人八字、六壬奇門推命
132	命數叢譚	【民國】張雲溪	子平斗數共通、百多民國名人命例
133	定命錄	【民國】張一蟠	民國名人八十三命例詳細生平
134	《子平命術要訣》《知命篇》合刊	【民國】鄒文耀、【民國】胡仲言撰	《子平命術要訣》科學命理；《知命篇》易理皇極、命理地理、奇門六壬互通
135	科學方式命理學	閻德潤博士	匯通八字、中醫、科學原理！
136	八字提要	韋千里	民國三大子平命理家韋千里必讀經典！
137	子平實驗錄	【民國】孟耐園	作者四十多年經驗 占卜奇靈 名震全國！
138	民國偉人星命錄	【民國】囂囂子	幾乎包括所民初總統及國務總理八字！
139	千里命鈔	韋千里	失傳民初三大命理家-韋千里 代表作
140	斗數命理新篇	張開卷	現代流行的「紫微斗數」內容及形式上深受本書影響
141	哲理電氣命數學——子平部	【民國】彭仕勛	命局按三等九級格局、不同術數互通借用
142	《人鑑——命理存驗・命理擷要》(原版足本)附《林庚白家傳》	【民國】林庚白	傳統子平學修正及革新、大量名人名例
143	《命學苑苑刊——新命》(第一集)附《名造評案》《名造類編》等	【民國】林庚白、張一蟠等撰	史上首個以「唯物史觀」來革新子平命學結集
相術類			
144	中西相人探原	【民國】袁樹珊	按人生百歲，所行部位，分類詳載
145	新相術	【美國】李拉克福原著、【民國】沈有乾編譯	通過觀察人的面相身形、色澤舉止等，得知性情、能力、習慣、優缺點等
146	骨相學	【民國】風萍生編著	結合醫學中生理及心理學，影響近代西、日、中相術深遠
147	人心觀破術 附運命與天稟	【日本】管原如庵、加藤孤雁原著，【民國】唐真如譯	觀破人心、運命與天稟的奧妙

148	《人相學之新研究》《看相偶述》合刊	盧毅安	集中外大成，無不奇驗；影響近代香港相術名著
149	冰鑑集	【民國】碧湖鷗客	各家相法精華、相術捷徑、圖文並茂附名人照片
150	《現代人相百面觀》《相人新法》合刊	【民國】吳道子輯	失傳民初相學經典二種　重現人間！
151	性相論	【民國】余晉龢	民初北平公安局專論相學與犯罪專著（犯罪學生物學派）
152	《相法講義》《相理秘旨》合刊	韋千里、孟瘦梅	命理學大家韋千里經典、傳統相術秘籍精華
153	《掌形哲學》附《世界名人掌形》《小傳》	【民國】余萍客	圖文并茂、附歐美名人掌形圖及生平簡介
154	觀察術	【民國】吳貴長	可補充傳統相術之不足
堪輿類			
155	羅經消納正宗	【明】沈昇撰、【明】史自成、丁孟章合纂	失傳四庫存目珍稀風水古籍
156	風水正原	【清】余天藻	●積德為求地之本，形家必讀！●純宗形家，與清代欽天監地理風水主張大致相同
157	安溪地話（風水正原二集）		
158	《蔣子挨星圖》附《玉鑰匙》	【清】蔣大鴻等	窺知無常派章仲山一脈真傳奧秘
159	樓宇寶鑑	吳師青	陽宅風水必讀、現代城市樓宇風水看法改革
160	《香港山脈形勢論》《如何應用日景羅經》合刊		香港風水山脈形勢專著
161	三元真諦稿本──讀地理辨正指南	【民國】王元極	被譽為蔣大鴻、章仲山後第一人　內容直接了當，盡揭三元玄空家之秘
162	三元陽宅萃篇		
163	王元極增批地理冰海　附批點原本地理冰海	【清】高守中　【民國】王元極	
164	地理辨正發微	【清】唐南雅	極之清楚明白，披肝露膽
165-167	增廣沈氏玄空學　附　仲山宅斷秘繪稿本三種、自得齋地理叢說稿鈔本（上）（中）（下）	【清】沈竹礽	玄空必讀經典！附《仲山宅斷》幾種鈔本及批點本，畫龍點睛、披肝露膽，道中刊印本未點破的秘訣
168-169	巒頭指迷（上）（下）	【清】尹貞夫原著、【民國】何廷珊增訂、批注	圖文并茂：龍、砂、穴、水、星辰九十九變　洩漏天機：蔣大鴻、賴布衣挨星秘訣及用法
170-171	三元地理真傳（兩種）（上）（下）	【清】趙文鳴	蔣大鴻嫡派真傳張仲馨一脈二十種家傳秘本、宅墓案例三十八圖，並附天星擇日
172	三元宅墓圖　附　家傳秘冊		
173	宅運撮要	【民國】尤惜陰（演本法師）、榮柏雲	撮三集《宅運新案》之精要
174	章仲山秘傳玄空斷驗筆記　附　章仲山斷宅圖註	【清】章仲山傳、【清】唐鷺亭纂	無常派玄空不外傳秘中秘！二宅實例有斷驗及改造內容
175	汪氏地理辨正發微　附　地理辨正真本	【清】蔣大鴻、姜垚原著、【清】汪云吾發微	蔣大鴻嫡派張仲馨一脈三元理、法、訣具體泄露　三百年來最佳《地理辦正》註解！石破天驚！
176	蔣大鴻家傳歸厚錄汪氏圖解	【清】蔣大鴻、【清】汪云吾圖解	
177	蔣大鴻嫡傳三元地理秘書十一種批注	【清】蔣大鴻原著、【清】汪云吾、【清】劉樂山註	

178	《星氣（卦）通義（蔣大鴻秘本四十八局圖并打劫法）》《天驚秘訣》合刊	題【清】蔣大鴻 著	江西興國真傳三元風水秘本
179	蔣大鴻嫡傳天心相宅秘訣全圖附陽宅指南等秘書五種	【清】蔣大鴻編訂、【清】汪云吾、劉樂山註	蔣大鴻徒張仲馨秘傳陽宅風水「教科書」！
180	家傳三元地理秘書十三種		真天宮之秘 千金不易之寶
181	章仲山門內秘傳《堪輿奇書》附《天心正運》	【清】章仲山傳、【清】華湛恩	直洩無常派章仲山玄空風水不傳之秘
182	《挨星金口訣》、《王元極增批補圖七十二葬法訂本》合刊	[民國]王元極	秘中秘——玄空挨星真訣公開！字字千金！
183-184	《家傳三元古今名墓圖集附謝氏水鉗》《蔣氏三元名墓圖集》合刊（上）（下）	(清)孫景堂，劉樂山，張稼夫	蔣大鴻嫡傳風水宅案、幕講師、蔣大鴻、姜垚等名家多個實例，破禁公開！
185-186	《山洋指迷》足本兩種 附《尋龍歌》（上）（下）	【明】周景一	風水巒頭形家必讀《山洋指迷》足本！
187-196	蔣大鴻嫡傳水龍經注解 附 虛白廬藏珍本水龍經四種（1-10）	【清】蔣大鴻編訂、【清】楊臥雲、汪云吾、劉樂山註	蔣大鴻嫡傳一脈授徒秘笈 希世之寶 千年以來，師師相授之秘旨，破禁公開！完整了解蔣氏嫡派真傳一脈三元理、法、訣！ 附已知最古《水龍經》鈔本等五種稀見《水龍經》
197	批注地理辨正直解	【清】章仲山	無常派玄空必讀經典未刪改本！
198	《天元五歌闡義》附《元空秘旨》（清刻原本）		
199	心眼指要（清刻原本）		
200	華氏天心正運	【清】華湛恩	
201-202	批注地理辨正再辨直解合編（上）（下）	【清】蔣大鴻原著、【清】姚銘三再註、【清】章仲山直解	失傳姚銘三玄空經典重現人間！名家：沈竹礽、王元極推薦！
203	章仲山注《玄機賦》《元空秘旨》附《口訣中秘訣》《因象求義》等九種合刊	【清】章仲山	近三百年來首次公開！ 章仲山無常派玄空秘密，和盤托出！章仲山注《玄機賦》及章仲山原傳之口訣及筆記
204	章仲山門內真傳《三元九運挨星篇》《運用篇》《挨星定局篇》《口訣篇》等合刊	【清】章仲山、柯遠峰等	
205	章仲山門內真傳《大玄空秘圖訣》《天驚訣》《飛星要訣》《九星斷略》《得益錄》等合刊	【清】章仲山、冬園子等	
206	撼龍經真義	吳師青註	近代香港名家吳師青必讀經典
207	章仲山嫡傳《翻卦挨星圖》《秘鈔元空秘旨》 附《秘鈔天元五歌闡義》	【清】章仲山傳、【清】王介如輯撰	透露章仲山家傳玄空嫡傳學習次弟及關鍵不傳之秘
208	章仲山嫡傳秘鈔《秘圖》《節錄心眼指要》合刊		
209	《談氏三元地理大玄空實驗》附《談養吾秘稿奇門占驗》	【民國】談養吾撰	史上首次公開「無常派」下卦起星等挨星秘密之書
210	《談氏三元地理濟世淺言》附《打開一條生路》		了解談氏入世的易學卦德爻象思想
211-215	《地理辨正集註》附 《六法金鎖秘》《巒頭指迷真詮》《作法雜綴》等（1-5）	【清】尋緣居士	集《地理辨正》一百零八家註解大成精華 匯巒頭及蔣氏、六法、無常、湘楚等秘本 史上最大篇幅的《地理辨正》註解
216	三元大玄空地理二宅實驗（足本修正版）	【民國】尤惜陰（演本法師）、榮柏雲撰	三元玄空無常派必讀經典足本修正版

217	蔣徒呂相烈傳《幕講度針》附《元空秘斷》《陰陽法竅》《挨星作用》	【清】呂相烈	蔣大鴻門人呂相烈三元秘本 三百年來首次破禁公開！
218	挨星撮要（蔣徒呂相烈傳）		
219－221	《沈氏玄空挨星圖》《沈註章仲山宅斷未定稿》《沈氏玄空學（四卷原本）》合刊（上中下）	【清】沈竹礽 等	揭開沈氏玄空挨星五行吉凶斷的變化及不同用法 章仲山宅斷未刪本、沈氏玄空學原本佚文、玄空挨星圖稿鈔本 大公開！
222	地理穿透真傳（虛白廬藏清初刻原本）	【清】張九儀	三合天星家宗師張九儀畢生地學精華結集
223－224	地理元合會通二種（上）（下）	【清】姚炳奎	分發兩家（三元、三合）之秘，會通其用 詳解注羅盤（蔣盤、賴盤）；義理、斷驗俱精
其他類			
225	天運占星學 附 商業周期、股市粹言	吳師青	天星預測股市，神準經典
226	易元會運	馬翰如	《皇極經世》配卦以推演世運與國運
三式類			
227	大六壬指南（清初木刻五卷足本）		六壬學占驗課案必讀經典海內善本
228－229	甲遁真授秘集（批注本）（上）（下）	【清】薛鳳祚	明清皇家欽天監秘傳奇門遁甲 奇門、易經、皇極經世結合經典
230	奇門詮正	【民國】曹仁麟	簡易、明白、實用，無師自通！
231	大六壬探源	【民國】袁樹珊	民初三大命理家袁樹研究六壬四十餘年代表作
232	遁甲釋要		推衍遁甲、易學、洛書九宮大義！
233	《六壬卦課》《河洛數釋》《演玄》合刊	【民國】徐昂	疏理六壬、河洛數、太玄隱義！
234	六壬指南（【民國】黃企喬）	【民國】黃企喬	失傳經典 大量實例
選擇類			
235	王元極校補天元選擇辨正	原【清】謝少暉輯、【民國】王元極校補	三元地理天星選日必讀
236	王元極選擇辨真全書 附 秘鈔風水選擇訣	【民國】王元極	王元極天昌館選擇之要旨
237	蔣大鴻嫡傳天星選擇秘書注解三種	【清】蔣大鴻編訂、【清】楊臥雲、汪云吾、劉樂山註	蔣大鴻陰陽二宅天星擇日日課案例！
238	增補選吉探源	【民國】袁樹珊	按表檢查，按圖索驥：簡易、實用！
239	《八風考略》《九宮撰略》《九宮考辨》合刊	沈瓞民	會通沈氏玄空飛星立極、配卦深義
其他類			
240	《中國原子哲學》附《易世》《易命》	馬翰如	國運、世運的推演及預言